学ぼう！にほんご

単語帳《たんごちょう》

日语完全教程

单词手册 第一册

新东方日语教研组 编著

图书在版编目(CIP)数据

日语完全教程.单词手册.第一册 /日语完全教程编写委员会编著.—北京：北京大学出版社，2013.5
ISBN 978-7-301-22400-7
Ⅰ.①日… Ⅱ.①日… Ⅲ.①日语—词汇—水平考试—教材 Ⅳ.①H360.42
中国版本图书馆 CIP 数据核字(2013)第 074230 号

书　　　名：日语完全教程·单词手册　第一册
著作责任者：日语完全教程编写委员会　编著
责 任 编 辑：兰　婷
标 准 书 号：ISBN 978-7-301-22400-7/H·3287
出 版 发 行：北京大学出版社　　　地　址：北京市海淀区成府路 205 号　100871
网　　　址：http://www.pup.cn　新浪官方微博：@北京大学出版社
电 子 邮 箱：编辑部 pupwaiwen@pup.cn　总编室 zpup@pup.cn
电　　　话：邮购部 62752015　发行部 62750672　编辑部 62759634　出版部 62754962
印　刷　者：北京市科星印刷有限责任公司
经　销　者：新华书店
787 毫米×960 毫米　32 开本　5.25 印张　115 千字
2013 年 5 月第 1 版　2025 年 2 月第 14 次印刷
定　　　价：17.00 元

前言

本书为《日语完全教程》系列教材配套的单词手册。现行的日语教材中，往往将单词内容设在课文的后面，但如此一来，学生在查阅单词时需要来回翻页，极为不便，且教材往往比较厚重，不方便随身携带，学习者无法随时利用碎片时间记忆单词。考虑到这些因素，我们特意将本书设计成较小的版面。

在内容编排方面，本书主要分为三大部分：一为单词解释，二为动词变形的速查表，三为日文汉字速查表。

单词解释部分的单词编排顺序和课文中的单词出现顺序完全对应，方便学习者对照学习生词和理解课文。单词基本上都标注了声调和词性，并且动词、形容词、副词和接续词都补充了例句，例句原则上取自课文，同时兼顾实用易记的要求，进行了适当的微调。另外，本书中的动词都补充了其基本形的常用表记，以利于和下一阶段的学习进行对接。

动词变形的速查表列出了动词Ⅰ、Ⅱ、Ⅲ的各种变形，以便学习者一目了然地查找和记忆单词。

日文汉字速查表主要是为了帮助学习者快速地查找日文汉字的读音，避免用中文去“记”日语的习惯，做到写法和发音同步学习，解决只会汉字、不会假名的通病。在排序上，我们使用日文汉字对应的中文汉字的拼音序，方便中国学习者迅速查找汉字读音。

三大部分的有机结合，再加上轻巧便利的设计，相信本书不仅是课本的好搭档，更会成为广大日语学习者随身相伴的良师益友。

2013年4月

编者

使用说明

本书使用以下略语来标注词性：

本书使用的略语	本书中的含义	对应其他教材	
		《标日》术语	学校语法术语
名	名詞	名词	名词
动Ⅰ	動詞Ⅰグループ	一类动词	五段动词
动Ⅱ	動詞Ⅱグループ	二类动词	一段动词
动Ⅲ	動詞Ⅲグループ	三类动词	力变动词，サ变动词
い形	い形容詞	一类形容词	形容词
な形	な形容詞	二类形容词	形容动词
连体	連体詞	连体词	连体词
疑	疑問詞	疑问词	疑问词
代	代名詞	代词	代词
感	感嘆詞	叹词	叹词
副	副詞	副词	副词
接	接続詞	连词	接续词

说明：
本书在标注声调时，采用数字012345进行标注，参考了『NHK日本語発音アクセント辞典』，个别单词对应多种声调时，仅列出第1种。动词的声调均为基本形的声调。前方带“*”标记的单词为超过本级别的纲外单词。

P89 ← 单词在教材中出现的页数

とびます	**【飛びます】**	〈动Ⅰ〉	**飛ぶ**	0	飞	**鳥が飛ぶ。**
↑	↑	↑	↑	↑	↑	↑
发音	写法	词性	动词基本形	声调	中文解释	例句

目录

P 17

わたし		〈代〉	0	我	
これ		〈代〉	0	这个	
それ		〈代〉	0	那个（※近指）	
あれ		〈代〉	0	那个（※远指）	
ほん	【本】	〈名〉	1	书	
はじめまして				初次见面	
どうぞ		〈副〉	1	请	
よろしく		〈副〉	0	请多关照，（向某人）问好	よろしくおねがいします。
こちらこそ				彼此彼此，我才要（请你多关照）	

P 18

がくせい	【学生】	〈名〉	0	（大）学生
～さい				～岁

ちゅうごく	【中国】	〈名〉	1	中国	
～じん	【人】			～人	
かいしゃいん	【会社員】	〈名〉	3	公司职员	
かんこく	【韓国】	〈名〉	1	韩国	
あなた		〈代〉	2	你	
せんせい	【先生】	〈名〉	3	老师	
にほん	【日本】	〈名〉	2	日本	
はい		〈感〉	1	是，对	はい、そうです。
いいえ		〈感〉	3	不，不对，不是	いいえ、ちがいます。
アメリカ		〈名〉	0	美国	
～さん				～先生，～女士（敬称）	
ベトナム		〈名〉	0	越南	

P 19

タイ		〈名〉	1	泰国	
はたち			1	二十岁	

ブラジル		〈名〉	0	巴西	
だれ	【誰】	〈疑〉	1	谁	
しつれいですが	【失礼ですが】			冒昧问一句	
おくに	【お国】	〈名〉	0	（您的）国家	
くに	【国】	〈名〉	0	国家，国土，故乡	
どちら		〈疑〉	1	哪边，哪里，哪位，哪个	お国はどちらですか。
あのかた	【あの方】	〈代〉	3	那位（※远指）	
どなた		〈疑〉	1	谁，哪位	あの方はどなたですか。
おしごと	【お仕事】	〈名〉	2	（您的）工作	
しごと	【仕事】	〈名〉	0	工作，职业	
なん/なに	【何】	〈疑〉	1	什么	これはなんですか。
おいくつ		〈疑〉	0	几岁，多大	おいくつですか。

P 20

えんぴつ	【鉛筆】	〈名〉	0	铅笔
めがね		〈名〉	1	眼镜
いす		〈名〉	0	椅子

つくえ	【机】	〈名〉	0	桌子	
まど	【窓】	〈名〉	1	窗户	
テレビ		〈名〉	1	电视机	
カメラ		〈名〉	1	照相机	
えいが	【映画】	〈名〉	1	电影	
ざっし	【雑誌】	〈名〉	0	杂志	
ノート		〈名〉	1	笔记本	
テキスト		〈名〉	1	教科书，教材	
じしょ	【辞書】	〈名〉	1	词典，字典	
ジュース		〈名〉	1	果汁	
おちゃ	【お茶】	〈名〉	0	茶	
ペン		〈名〉	1	笔	
そうです				是的，是那样的	はい、そうです。
ちがいます				不是，不对	いいえ、ちがいます。
けいたいでんわ	【携帯電話】	〈名〉	5	手机	

こうちゃ	【紅茶】	〈名〉	0	红茶
コーヒー		〈名〉	3	咖啡
タオル		〈名〉	1	毛巾
ハンカチ		〈名〉	3	手绢
とけい	【時計】	〈名〉	0	钟，表

P 21

テープ		〈名〉	1	录音磁带，录像带
ホワイトボード		〈名〉	5	白板
コンピューター		〈名〉	3	电脑，计算机
たな	【棚】	〈名〉	0	（放东西的）搁板，架子
～ご	【～語】			～语
シーディー	【CD】	〈名〉	3	CD，光盘
おんがく	【音楽】	〈名〉	1	音乐
しんぶん	【新聞】	〈名〉	0	报纸
えいご	【英語】	〈名〉	0	英语

じどうしゃ	【自動車】	〈名〉	2	汽车	
バイク		〈名〉	1	轻型摩托车	
ボールペン		〈名〉	0	圆珠笔	
シャープペンシル		〈名〉	4	自动铅笔	
みず	【水】	〈名〉	0	水	

P 22

かばん		〈名〉	0	包，公文包	
あのひと	【あの人】	〈代〉	2	那个人（※远指）	
ラジオ		〈名〉	1	收音机	
この		〈连体〉	0	这个	この本はワンさんのです。
その		〈连体〉	0	那个（※近指）	そのかばんはわたしのです。
あの		〈连体〉	0	那个（※远指）	あの人はだれですか。
ぼうし	【帽子】	〈名〉	0	帽子	
どれ		〈疑〉	1	哪个	ワンさんの本はどれですか。
てちょう	【手帳】	〈名〉	0	记事本	

P 23

*	ふでばこ	【筆箱】	〈名〉	0	笔袋，文具盒
	けしゴム	【消しゴム】	〈名〉	0	橡皮
	しゅみ	【趣味】	〈名〉	1	爱好，兴趣
	サッカー		〈名〉	1	足球
	どくしょ	【読書】	〈名〉	1	阅读，读书
	スポーツ		〈名〉	2	运动
	すいえい	【水泳】	〈名〉	0	游泳
	やきゅう	【野球】	〈名〉	0	棒球
	バレーボール		〈名〉	4	排球
	ピンポン		〈名〉	1	乒乓球
	りょうり	【料理】	〈名〉	1	饭菜，烹饪
	ゲーム		〈名〉	1	游戏
	ピアノ		〈名〉	0	钢琴
	インターネット		〈名〉	5	因特网
	カラオケ		〈名〉	0	卡拉OK

さんぽ	【散歩】	〈名〉	0	散步	

P 24

だいがく	【大学】	〈名〉	0	大学	
くうこう	【空港】	〈名〉	0	机场	
あのー	【あのう】	〈感〉	0	那个…（※招呼陌生人）	あのう、ワンさんですか。
ようこそ		〈副〉	1	欢迎	日本へようこそ。
つま	【妻】	〈名〉	1	妻子	
むすめ	【娘】	〈名〉	3	女儿	

P 25

ここ		〈代〉	0	这里	
そこ		〈代〉	0	那里（※近指）	
あそこ		〈代〉	0	那里（※远指）	
がっこう	【学校】	〈名〉	0	学校	
きょうしつ	【教室】	〈名〉	0	教室	
あちら		〈代〉	0	那里，那边（※远指）	
～えん	【～円】			～日元	
スーパー		〈名〉	1	超市	
どこ		〈疑〉	1	哪里	スーパーはどこですか。
すうじ	【数字】	〈名〉	0	数字	

P 26

こちら		〈代〉	0	这里，这边
そちら		〈代〉	0	那里，那边（※近指）
としょしつ	【図書室】	〈名〉	2	图书室

うけつけ	【受付】	〈名〉	0	接待处
としょかん	【図書館】	〈名〉	2	图书馆
レストラン		〈名〉	1	餐馆，饭店
いりぐち	【入口】	〈名〉	0	入口
しょくどう	【食堂】	〈名〉	0	食堂，餐厅
デパート		〈名〉	2	百货商店
じむしつ	【事務室】	〈名〉	2	办公室
かいぎしつ	【会議室】	〈名〉	3	会议室
おてあらい		〈名〉	3	洗手间，厕所

P 27

えいがかん	【映画館】	〈名〉	3	电影院
ぎんこう	【銀行】	〈名〉	0	银行

P 28

* おくじょう	【屋上】	〈名〉	0	屋顶，天台

うち		〈名〉	0	家	
かいしゃ	【会社】	〈名〉	0	公司	
おねえさん	【お姉さん】	〈名〉	2	姐姐	
ゆうびんきょく	【郵便局】	〈名〉	3	邮局	
いいえ		〈感〉	3	不（※不，不用谢）	いいえ、どういたしまして。
えき	【駅】	〈名〉	1	（火车、地铁等的）车站	
でぐち	【出口】	〈名〉	1	出口	
トイレ		〈名〉	1	厕所	
こうえん	【公園】	〈名〉	0	公园	

P 30

ズボン		〈名〉	2	裤子	
イギリス		〈名〉	0	英国	
ドイツ		〈名〉	1	德国	
～かい（がい）	【～階】			～层	カメラの売り場は何階ですか。
いくら		〈疑〉	1	多少钱，多少	このノートはいくらですか。
かさ	【傘】	〈名〉	1	伞	

	フランス		〈名〉	0	法国	
	イタリア		〈名〉	0	意大利	
*	ちか	【地下】	〈名〉	1	地下	
	うりば	【売り場】	〈名〉	0	柜台	
	なんがい	【何階】	〈疑〉	0	几层	かさ売り場は何階ですか。

P 31

きゃく	【客】	〈名〉	0	顾客，客人	
てんいん	【店員】	〈名〉	0	店员，营业员	
エレベーター		〈名〉	3	电梯	
ふく	【服】	〈名〉	2	衣服	
では		〈接〉	1	那么	では、失礼します。
ください			3	请给我…	これをください。
ワイン		〈名〉	1	葡萄酒	
にんぎょう	【人形】	〈名〉	0	人偶，木偶，娃娃	
バナナ		〈名〉	1	香蕉	

たいわん	【台湾】	〈名〉	3	台湾	
* こうすい	【香水】	〈名〉	0	香水	
いらっしゃい				欢迎光临	
りんご		〈名〉	0	苹果	
～こ	【～個】			～个	
まいど		〈副〉	0	每次	まいどありがとうございます。
ケーキ		〈名〉	1	蛋糕	
おべんとう	【お弁当】	〈名〉	4	盒饭	
パン		〈名〉	1	面包	
アイスクリーム		〈名〉	5	冰激凌	

P 32

ぶんぼうぐ	【文房具】	〈名〉	3	文具
かいだん	【階段】	〈名〉	0	楼梯
* おかいどく	【お買い得】	〈名〉	0	便宜，合算
～さつ	【～冊】			～册，～本

	じゃ	〈接〉	1	那么	じゃ、ノートを10冊ください。
*	オマケ	〈名〉	0	附赠品，优惠	
*	ヤッター			太好了！真棒！	

P 33

いま	【今】	〈名〉		1	现在	
なんじ	【何時】	〈疑〉		1	几点	今、何時ですか。
～じ	【～時】				～点（※时间）	
まいあさ	【毎朝】	〈名〉		1	每天早上	
おきます	【起きます】	〈动II〉	起きる	2	起床	朝6時に起きる。
きのう		〈名〉		2	昨天	
べんきょうします	【勉強します】	〈动III〉	勉強する	0	学习	ワンさんはきのう勉強した。
じかん	【時間】	〈名〉		0	时间	
ことば	【言葉】	〈名〉		3	词汇	
～ふん（ぷん）	【～分】				～分（※时间）	
～はん	【～半】				～半	
まえ	【前】	〈名〉		1	前，之前	

P 34

	あさ	【朝】	〈名〉	1	早上	
	ひる	【昼】	〈名〉	2	中午	
	よる	【夜】	〈名〉	1	晚上	
	ごぜん	【午前】	〈名〉	1	上午	
	ごご	【午後】	〈名〉	1	下午	
	ばん	【晚】	〈名〉	0	晚上	

P 35

*	くやくしょ	【区役所】	〈名〉	2	区政府	
	びょういん	【病院】	〈名〉	0	医院	
	ゆうがた	【夕方】	〈名〉	0	傍晚	
	そうですか				是吗	
	たいへんな	【大変な】	〈な形〉	0	辛苦，不容易	仕事は大変です。
	アルバイト		〈名〉	3	打工	

きっさてん	【喫茶店】	〈名〉		3	茶餐厅，茶馆	
みせ	【店】	〈名〉		2	商店	

P 36

まいばん	【毎晩】	〈名〉		1	每天晚上	
ねます	【寝ます】	〈动II〉	寝る	0	睡觉，上床	今夜9時に寝る。
まいにち	【毎日】	〈名〉		1	每天	
はたらきます	【働きます】	〈动I〉	働く	0	工作	毎日9時から働く。
にちようび	【日曜日】	〈名〉		3	星期日	
あそびます	【遊びます】	〈动I〉	遊ぶ	0	玩	ボールで遊ぶ。
やすみます	【休みます】	〈动I〉	休む	2	休息，睡觉	土曜日に休む。
げつようび	【月曜日】	〈名〉		3	星期一	
かようび	【火曜日】	〈名〉		2	星期二	
すいようび	【水曜日】	〈名〉		3	星期三	
もくようび	【木曜日】	〈名〉		3	星期四	
きんようび	【金曜日】	〈名〉		3	星期五	

どようび	【土曜日】	〈名〉		2	星期六	
なんようび	【何曜日】	〈疑〉		3	星期几	休みは何曜日からですか。
はじまります	【始まります】	〈动Ⅰ〉	始まる	0	开始	授業は9時に始まる。
おわります	【終わります】	〈动Ⅰ〉	終わる	0	结束	授業は12時に終わる。
じゅぎょう	【授業】	〈名〉		1	授课，上课	
いつも		〈副〉		1	总是	いつも7時に起きる。

P 37

かいぎ	【会議】	〈名〉		1	会议，开会	
やすみ	【休み】	〈名〉		3	放假，休息	
テスト		〈名〉		1	测验，考试	
ごみ		〈名〉		2	垃圾	

P 38

あした		〈名〉		3	明天	
あさって		〈名〉		2	后天	

こんばん	【今晩】	〈名〉	1	今晚
おととい		〈名〉	3	前天
ゆうべ		〈名〉	3	昨天晚上
きょう		〈名〉	1	今天
けさ	【今朝】	〈名〉	1	今天早上
こんや	【今夜】	〈名〉	1	今夜

P 40

そうですね				嗯…（※正在思考）
～ごろ				～左右
しゅうまつ	【週末】	〈名〉	0	周末
げつ	【月】	〈名〉	1	星期一
すい	【水】	〈名〉	1	星期三
きん	【金】	〈名〉	1	星期五
か	【火】	〈名〉	1	星期二
もく	【木】	〈名〉	1	星期四

P 41

いきます	【行きます】	〈动Ⅰ〉	行く	0	去	北海道へ行く。
なんがつなんにち	【何月何日】	〈疑〉		1-1	几月几日	お誕生日は何月何日ですか。
らいげつ	【来月】	〈名〉		1	下个月	
バス		〈名〉		1	公共汽车，巴士	
かえります	【帰ります】	〈动Ⅰ〉	帰る	1	回家	うちへ帰る。
きょねん	【去年】	〈名〉		1	去年	
あに	【兄】	〈名〉		1	（我的）哥哥	
きます	【来ます】	〈动Ⅲ〉	来(く)る	1	来	学校へ来る。
カレンダー		〈名〉		2	日历，挂历	
～がつ	【～月】				～月份	
～にち（か）	【～日】				～日	
シンガポール		〈名〉		4	新加坡	
いってきます	【行ってきます】				我走了	
いってらっしゃい	【行ってらっしゃい】				早点回来	

	ただいま				回来啦（※回家进门时的寒暄语）
	おかえりなさい				你回来啦

P 42

	たんじょうび	【誕生日】	〈名〉	3	生日
*	はははのひ	【母の日】	〈名〉	1	母亲节（5月第二个周日）
	かぞく	【家族】	〈名〉	1	家人，家属，家族
*	ず	【図】	〈名〉	0	图
	ちち	【父】	〈名〉	1	（我）父亲，（我）爸爸
	はは	【母】	〈名〉	1	（我）母亲，（我）妈妈
	あね	【姉】	〈名〉	0	（我）姐姐
	おとうと	【弟】	〈名〉	4	（我）弟弟
	いもうと	【妹】	〈名〉	4	（我）妹妹
	おとうさん	【お父さん】	〈名〉	2	爸爸
	おかあさん	【お母さん】	〈名〉	2	妈妈

	おにいさん	【お兄さん】	〈名〉	2	哥哥	
	おとうとさん	【弟さん】	〈名〉	0	弟弟（敬称）	
	いもうとさん	【妹さん】	〈名〉	0	妹妹（敬称）	
*	バレンタインデー		〈名〉	5	情人节（2月14日）	
*	こどものひ	【こどもの日】	〈名〉	5	儿童节（5月5日）	
	だい～	【第～】			第～	
*	クリスマス		〈名〉	3	圣诞节（12月25日）	
*	がんたん	【元旦】	〈名〉	0	元旦（1月1日）	
*	ぶんかのひ	【文化の日】	〈名〉	1	文化节（11月3日）	
	いつ		〈疑〉	1	什么时候	夏休みはいつからですか。
	にゅうがくしき	【入学式】	〈名〉	4	入学典礼	

P 43

	らいねん	【来年】	〈名〉	0	明年
	らいしゅう	【来週】	〈名〉	0	下个星期
	せんしゅう	【先週】	〈名〉	0	上个星期

こんしゅう	【今週】	〈名〉	0	这个星期
まいしゅう	【毎週】	〈名〉	0	每个星期
せんげつ	【先月】	〈名〉	1	上个月
こんげつ	【今月】	〈名〉	0	这个月
まいつき	【毎月】	〈名〉	0	每个月
ことし	【今年】	〈名〉	0	今年
まいとし	【毎年】	〈名〉	0	每年

P 45

しんかんせん	【新幹線】	〈名〉	3	新干线
くるま	【車】	〈名〉	0	车
ひこうき	【飛行機】	〈名〉	2	飞机
ふね	【船】	〈名〉	1	船
じてんしゃ	【自転車】	〈名〉	2	自行车
あるいて	【歩いて】		2	走着（去/来），步行
ともだち	【友だち】	〈名〉	0	朋友
でんしゃ	【電車】	〈名〉	0	电车

	いえ	【家】	〈名〉	2	家	
	ちかてつ	【地下鉄】	〈名〉	2	地铁	
	タクシー		〈名〉	1	出租车	

P 46

	ひとりで	【一人で】	〈副〉	2	一个人	一人で病院へ行く。
*	やこうバス	【夜行バス】	〈名〉	4	夜间（长途）巴士	
	りょうしん	【両親】	〈名〉	1	父母	
*	フェリー		〈名〉	1	渡船，渡轮	

P 47

にっき	【日記】	〈名〉	0	日记	
さくぶん	【作文】	〈名〉	0	作文	
れんしゅう	【練習】	〈名〉	0	练习	
たくさん		〈名〉	3	很多，大量	
～たち				～们	

* しゅうごう	【集合】	〈名〉	0	集合
ど	【土】	〈名〉	1	星期六
* ゆうえんち	【遊園地】	〈名〉	3	游乐场
さらいねん	【さ来年】	〈名〉	0	后年

P 48

ぼく	【僕】	〈代〉	1	我（※男性用语）
かいさつぐち	【改札口】	〈名〉	4	检票口

P 49

ごはん	【ご飯】	〈名〉		1	饭	
たべます	【食べます】	〈动Ⅱ〉	食べる	2	吃	ご飯を食べる。
はし		〈名〉		1	筷子	
さかな	【魚】	〈名〉		0	鱼	
かいます	【買います】	〈动Ⅰ〉	買う	0	买	スーパーで魚を買う。
いっしょに	【一緒に】	〈副〉		0	一起	いっしょに映画を見る。
します		〈动Ⅲ〉	する	0	做，干	テニスをする。
いいですね					好啊	
びじゅつかん	【美術館】	〈名〉		3	美术馆	
え	【絵】	〈名〉		1	画	
みます	【見ます】	〈动Ⅱ〉	見る	1	看	テレビを見る。
それから		〈接〉		0	然后，而且	仕事は5時に終わります。それから、帰ります。

P 50

でんわ	【電話】	〈名〉		0	电话	
かけます		〈动II〉	かける	2	打（电话）	電話をかける。
てがみ	【手紙】	〈名〉		0	信	
かきます	【書きます】	〈动I〉	書く	1	写，写作	レポートを書く。
しゃしん	【写真】	〈名〉		0	照片	
とります	【撮ります】	〈动I〉	撮る	1	照相，拍摄	写真を撮る。
すし	【寿司】	〈名〉		2	寿司	
よみます	【読みます】	〈动I〉	読む	1	读，念，阅读，看	雑誌を読む。
ききます	【聞きます】	〈动I〉	聞く	0	听	音楽を聞く。
のみます	【飲みます】	〈动I〉	飲む	1	喝	ジュースを飲む。
* ステーキ		〈名〉		2	烤牛肉，烤肉	
* レポート		〈名〉		2	小论文，报告	
テニス		〈名〉		1	网球	

P 51

スプーン		〈名〉		2	（西餐用）勺子	
て	【手】	〈名〉		1	手	
かみ	【紙】	〈名〉		2	纸	
つくります	【作ります】	〈动I〉	作る	2	制作	紙で飛行機を作る。
き	【木】	〈名〉		1	木头，树	
* つち	【土】	〈名〉		2	土，土壤	
おさら	【お皿】	〈名〉		0	盘子	
ぎゅうにゅう	【牛乳】	〈名〉		0	牛奶	
コップ		〈名〉		0	玻璃杯	
* ストロー		〈名〉		2	吸管	
ナイフ		〈名〉		1	餐刀，小刀	
フォーク		〈名〉		1	叉子	
きります	【切ります】	〈动I〉	切る	1	剪，切	はさみで紙を切る。
はさみ		〈名〉		3	剪刀	

	たまご	【卵】	〈名〉	2	鸡蛋，蛋	
*	ホッチキス		〈名〉	1	订书机	
	ネクタイ		〈名〉	1	领带	

P 52

	～や	【～屋】			～店	
*	いちば	【市場】	〈名〉	1	集市，市场	
	ビデオ		〈名〉	1	录像	
	やさい	【野菜】	〈名〉	0	蔬菜	

P 53

	ひるごはん	【昼ご飯】	〈名〉	3	午饭	
	もう		〈副〉	1	已经	ワンさんはもう寝ました。
	まだ		〈副〉	1	还（没）	もう食べましたか。 ——いいえ、まだです。
	しゅくだい	【宿題】	〈名〉	0	作业	
	やおや	【八百屋】	〈名〉	0	蔬菜水果店	

	ぶどう		〈名〉		0	葡萄	
	くだもの	【果物】	〈名〉		2	水果	
	チケット		〈名〉		1	票	
*	プレイガイド		〈名〉		4	（各类演出的）票务公司	
	おかし	【お菓子】	〈名〉		2	点心，零食	
	コンビニ		〈名〉		0	便利店	
	あさごはん	【朝ご飯】	〈名〉		3	早饭	
	ばんごはん	【晩ご飯】	〈名〉		3	晚饭	

P 54

	なにか	【何か】			1	什么～	何か食べますか。
	ゴルフ		〈名〉		1	高尔夫	
	ひきます	【弾きます】	〈动Ⅰ〉	弾く	0	弹（※可用于各类弦乐器和键盘乐器）	ピアノを弾く。
	しょくじ	【食事】	〈名〉		0	（吃）饭，（用）餐	
*	ホラー		〈名〉		1	恐怖，惊悚	

	ええ		〈感〉		1	好的，是的	いっしょに映画を見ませんか。——ええ、いいですね。
	ちょっと		〈副〉		1	有点儿（不方便），稍微	いっしょに行きますか。——ちょっと…
	さしみ	【刺身】	〈名〉		3	生鱼片	
	スキー		〈名〉		2	滑雪	
	かきます		〈动Ⅰ〉	かく	1	画，绘制	絵をかく。

P 55

	どう		〈疑〉		1	怎么	土曜日はどうですか。
	どうですか					怎么样	
*	ぶん	【文】	〈名〉		1	句子，文章	

P 56

*	しりょう	【資料】	〈名〉		1	资料	
	しらべます	【調べます】	〈动Ⅱ〉	調べる	3	查阅，调查	資料を調べる。
	そして		〈接〉		0	然后	7時に起きます。そして、朝ご飯を食べます。

パソコン		〈名〉		0	个人电脑	
つかいます	【使います】	〈动Ⅰ〉	使う	0	使用	パソコンを使う。
かぜ	【風邪】	〈名〉		0	感冒	
だいじょうぶな	【大丈夫な】	〈な形〉		3	没问题，没关系	風邪はもう大丈夫です。
なおります	【治ります】	〈动Ⅰ〉	治る	2	痊愈	風邪が治りました。
よかったですね					太好了	
サンドイッチ		〈名〉		4	三明治	
あいます	【会います】	〈动Ⅰ〉	会う	1	见面，会见，遇到	友だちに会う。
* こうえんぐち	【公園口】				（上野车站的）公园方向出口	

P 57

なつ	【夏】	〈名〉	2	夏天	
あつい	【暑い】	〈い形〉	2	（天气）热	夏は暑いです。
にぎやかな		〈な形〉	2	热闹，繁华	大阪はにぎやかな町です。
まち	【町】	〈名〉	2	城镇，街道	
はやい		〈い形〉	2	快	飛行機は船よりはやいです。
ちかい	【近い】	〈い形〉	2	近	あの店は駅から近いです。
おいしい		〈い形〉	0	好吃，可口	あの店はおいしいです。
スカート		〈名〉	2	裙子	
*すてきな		〈な形〉	0	极好，绝妙，漂亮	キムさんはすてきです。
あたらしい	【新しい】	〈い形〉	4	新	新しいスカートですか。
かわいい		〈い形〉	3	可爱	かわいいスカートですね。
だけ		〈助〉		仅仅，只	キムさん、かわいいスカートですね。——スカートだけですか。

P 58

おもしろい		〈い形〉	4	有趣	この映画はおもしろいです。

むずかしい	【難しい】	〈い形〉	4	难	この本は難しくないです。
やさしい	【易しい】	〈い形〉	0	简单，容易	この本は易しいです。
かわ	【川】	〈名〉	2	河，江	
きれいな		〈な形〉	1	漂亮的，干净的	この川はきれいです。
しずかな	【静かな】	〈な形〉	1	安静的	東京は静かですか。
ゆうめいな	【有名な】	〈な形〉	0	有名	この町は有名ではありません。
あたたかい	【暖かい】	〈い形〉	4	暖和	きょうは暖かいです。
いそがしい	【忙しい】	〈い形〉	4	忙	きのうは忙しかつたです。
さむい	【寒い】	〈い形〉	2	（天气）冷	きょうは寒いです。
ひまな	【暇な】	〈な形〉	0	有空，空闲	ビルさんはきのう暇ではありませんてした。
げんきな	【元気な】	〈な形〉	1	有精神，有活力，健康的	ワンさんは元気です。

P 59

とても		〈副〉	0	非常，很	サッカーはとても楽しいです。
あまり		〈副〉	0	（不）太	この料理はあまりおいしくないです。

べんりな	【便利な】	〈な形〉	1	方便	携帯電話はとても便利です。
もんだい	【問題】	〈名〉	0	问题	
すこし	【少し】	〈副〉	2	一点儿，有点儿	この問題はすこし難しいです。
おもい	【重い】	〈い形〉	0	重，沉重	あのかばんは重いです。
からだ	【体】	〈名〉	0	身体	
* ちょうし	【調子】	〈名〉	0	情况，状态	
いい		〈い形〉	1	好，良好	体の調子はいいです。
ぜんぜん	【全然】	〈副〉	0	完全（不）	体の調子はぜんぜんよくないです。
たのしい	【楽しい】	〈い形〉	3	快乐，愉快	サッカーは楽しいです。
かしゅ	【歌手】	〈名〉	1	歌手	
ハンサムな		〈な形〉	1	英俊	その歌手はハンサムです。
はれ	【晴れ】	〈名〉	2	晴，晴天	
ゆき	【雪】	〈名〉	2	雪	
くもり		〈名〉	3	多云，阴天	
てんき	【天気】	〈名〉	1	天气	

わるい	【悪い】	〈い形〉		2	坏	天気が悪いです。
へや	【部屋】	〈名〉		2	房间，屋子	
たかい	【高い】	〈い形〉		2	（价格）贵， （高度）高	日本の部屋は高いです。/ 東京タワーは高いです。
パーティー		〈名〉		1	派对，晚会	
からい	【辛い】	〈い形〉		2	辣	この料理は辛いです。
ながい	【長い】	〈い形〉		2	长	会議は長いです。

P 60

すずしい	【涼しい】	〈い形〉		3	凉快	公園は涼しいです。
きもちいい	【気持ちいい】	〈い形〉			心情好，舒服	とても気持ちいいです。
つかれます	【疲れます】	〈动Ⅱ〉	疲れる	3	累，疲劳	きょうは少し疲れました。

P 61

おおきい	【大きい】	〈い形〉		3	大	横浜は大きい町です。
かんたんな	【簡単な】	〈な形〉		0	简单	これは簡単な問題です。

やさしい	【優しい】	〈い形〉	0	温柔，和蔼，体贴	ワンさんは優しいです。
ひと	【人】	〈名〉	0	人	
どんな		〈连体〉	1	怎样的，什么样的	京都はどんな町ですか。
ふるい	【古い】	〈い形〉	2	旧，古老	京都は古い町です。
ちいさい	【小さい】	〈い形〉	3	小	京都は小さい町です。
きいろい	【黄色い】	〈い形〉	0	黄色	ワンさんの帽子は黄色いのです。
あかい	【赤い】	〈い形〉	0	红色	リーさんのネクタイは赤いです。
あおい	【青い】	〈い形〉	2	蓝色，青色，绿色	カルロスさんの帽子は青いです。
くろい	【黒い】	〈い形〉	2	黑色	ビルさんのズボンは黒いのです。
ちゃいろい	【茶色い】	〈い形〉	0	褐色	スタットさんの傘は茶色いのです。

P 62

* エッフェルとう	【エッフェル塔】	〈名〉	0	埃菲尔铁塔	
* とうきょうタワー	【東京タワー】	〈名〉	5	东京塔	
ひくい	【低い】	〈い形〉	2	矮，低	エッフェル塔は東京タワーより低いです。
おそい	【遅い】	〈い形〉	0	慢，迟，晚	自転車はバイクより遅いです。

*	でんしじしょ	【電子辞書】	〈名〉	4	电子词典	
	やすい	【安い】	〈い形〉	2	便宜	辞書は電子辞書より安いです。
	アパート		〈名〉	2	（出租用）公寓	
	やちん	【家賃】	〈名〉	1	房租	

P 63

	せまい	【狭い】	〈い形〉	2	狭窄，狭小，（面积）小	このマンションは狭いです。
	ひろい	【広い】	〈い形〉	2	宽阔，宽敞，（面积）大	この部屋は広いです。
	まじめな		〈な形〉	0	认真	あの人はまじめです。
*	よみち	【夜道】	〈名〉	1	夜路	
	くらい	【暗い】	〈い形〉	0	黑暗	夜道は暗いです。
	きけんな	【危険な】	〈な形〉	0	危险	夜道は危険です。
*	かれし	【彼氏】	〈名〉	1	男朋友	
	しんせつな	【親切な】	〈な形〉	1	热心，热情	わたしの彼氏は親切です。

	あたま	【頭】	〈名〉	3	头，头脑	
	あつい	【厚い】	〈い形〉	0	厚	この本は厚いです。
	つめたい	【冷たい】	〈い形〉	0	冷淡，冷漠，冷	あの人は冷たいです。
	ホテル		〈名〉	1	宾馆	
*	マンション		〈名〉	1	公寓	
	あかるい	【明るい】	〈い形〉	0	开朗	わたしの友だちは明るいです。
	とおい	【遠い】	〈い形〉	0	远，遥远	この学校はうちから遠いです。

P 64

	ふゆ	【冬】	〈名〉	2	冬天	
	みなみ	【南】	〈名〉	0	南，南方	
	きた	【北】	〈名〉	0	北，北方	
	おなじ	【同じ】	〈な形〉	0	一样的，相同的	中国の北は寒いです。日本も同じです。
*	バーゲンセール		〈名〉	5	大减价，打折销售	

P 65

うみ	【海】	〈名〉	1	海	
すきな	【好きな】	〈な形〉	2	喜欢	りんごとみかんとどちらが好きですか。
みかん		〈名〉	1	橘子	
おおい	【多い】	〈い形〉	1	多	横浜は人が多いです。
だいすきな	【大好きな】	〈な形〉	1	非常喜欢	ワンさんは寿司が大好きです。

P 66

きらいな	【嫌いな】	〈な形〉	0	讨厌的，厌恶的	わたしはりんごが嫌いです。
じょうずな	【上手な】	〈な形〉	0	拿手，擅长	ワンさんはサッカーが上手です。
うた	【歌】	〈名〉	2	歌	
へたな	【下手な】	〈な形〉	2	不拿手，不擅长	わたしはテニスが下手です。
*ピーマン		〈名〉	1	青椒	
*へび		〈名〉	1	蛇	
*むし	【虫】	〈名〉	0	虫	

すうがく	【数学】	〈名〉		0	数学	
ねこ	【猫】	〈名〉		1	猫	

P 67

ぎゅうにく	【牛肉】	〈名〉		0	牛肉	
いぬ	【犬】	〈名〉		2	狗	
はる	【春】	〈名〉		1	春天	
おさけ	【お酒】	〈名〉		0	酒	
ギター		〈名〉		1	吉他	
じ	【字】	〈名〉		1	字，文字	
かいものします	【買物します】	〈动III〉	買物する	0	购物	デパートで買い物する。
おみやげ	【お土産】	〈名〉		0	礼物（土特产）	
わあ		〈感〉		1	哇！	わあ！きれいですね。
チョコレート		〈名〉		3	巧克力	
*クッキー		〈名〉		1	曲奇饼干	
*キムチ		〈名〉		1	韩国泡菜	

P 68

なか	【中】	〈名〉	1	其中，某一范围之中，里面	
いちばん	【一番】	〈副〉	0	最，第一	果物の中でりんごが一番好きです。
トマト		〈名〉	1	西红柿	
くつ	【靴】	〈名〉	2	鞋	
じょうぶな	【丈夫な】	〈な形〉	0	结实	あの靴は丈夫です。
～ねん	【～年】			～年	
わかい	【若い】	〈い形〉	2	年轻	クラスの中でワンさんが一番若いです。
たてもの	【建物】	〈名〉	2	建筑物	
ビル		〈名〉	1	大楼，大厦	

P 69

* クラシック		〈名〉	3	古典音乐
* ジャズ		〈名〉	1	爵士乐
どうぶつ	【動物】	〈名〉	0	动物

*	ライオン		〈名〉	0	狮子
*	ぞう	【象】	〈名〉	1	大象
*	ウサギ		〈名〉	0	兔子
	うし	【牛】	〈名〉	0	牛
*	トラ		〈名〉	0	老虎
	うま	【馬】	〈名〉	2	马
*	パンダ		〈名〉	1	熊猫
*	コアラ		〈名〉	1	考拉
*	キリン		〈名〉	0	长颈鹿
	いろ	【色】	〈名〉	2	颜色
*	うらない	【占い】	〈名〉	0	占卜
	あか	【赤】	〈名〉	1	红色
	あお	【青】	〈名〉	1	蓝色
	きいろ	【黄色】	〈名〉	0	黄色
	しろ	【白】	〈名〉	1	白色
	くろ	【黒】	〈名〉	1	黑色

	みどり	【緑】	〈名〉		1	绿色	
	ちゃいろ	【茶色】	〈名〉		0	褐色	
*	しんじます	【信じます】	〈动II〉	信じる	3	相信	この占いを信じる。

P 70

	わかります		〈动I〉	わかる	2	明白	ひらがながわかりますか。
	ひらがな		〈名〉		3	平假名	
*	こうつう	【交通】	〈名〉		0	交通	
	たべもの	【食べ物】	〈名〉		3	吃的东西，食物	
	かみ	【髪】	〈名〉		2	头发	
	みじかい	【短い】	〈い形〉		3	短	カルロスさんは髪が短いです。
	せ	【背】	〈名〉		1	个子，身高	
	かお	【顔】	〈名〉		0	脸	
	まるい	【丸い】	〈い形〉		0	圆	ワンさんは顔が丸いです。
	かんじ	【漢字】	〈名〉		0	汉字	
	よく		〈副〉		1	非常，充分地	よくわかりました。

	カタカナ		〈名〉	3	片假名	
	だいたい		〈副〉	0	大体上，大致	英語はだいたいわかります。

P 71

	おてら	【お寺】	〈名〉	0	寺庙	
*	ぶっか	【物価】	〈名〉	0	物价	
	め	【目】	〈名〉	1	眼睛	
	ふとい	【太い】	〈い形〉	2	粗	象は足が太いです。
	あし	【足】	〈名〉	2	脚，腿	
	みみ	【耳】	〈名〉	2	耳朵	
	みなさん		〈名〉	2	大家（敬称）	
	はなし	【話】	〈名〉	3	说话，说话的内容	
	ニュース		〈名〉	1	新闻	
	せいかつ	【生活】	〈名〉	0	生活	
*	りょう	【寮】	〈名〉	1	宿舍	
*	ひとりぐらし	【一人暮し】	〈名〉	4	独自生活	

*	かじ	【家事】	〈名〉	1	家务	

P 72

	ときどき		〈副〉	0	有时，时常	ときどきお寿司屋へ行きます。
*	たまごやき	【卵焼き】	〈名〉	0	日式摊鸡蛋卷	
*	アナゴ		〈名〉	0	星鳗	
*	マグロ		〈名〉	0	金枪鱼	
*	わさび		〈名〉	1	青色芥末，山嵛菜	
*	おおトロ		〈名〉	3	金枪鱼腹肉，金枪鱼大脂	
*	イクラ		〈名〉	0	咸鲑鱼子	
	にがてな	【苦手な】	〈な形〉	0	不擅长，难对付，不喜欢	わたしは寿司が苦手です。
	ほんとうに	【本当に】	〈副〉	0	真的	先生は本当に日本人ですか。

P 73

	います		〈动II〉	いる	0	（人/动物）有，在，拥有，逗留	あそこにワンさんがいる。/ わたしは兄が2人いる。/ わたしは日本に1年いる。
	あります		〈动I〉	ある	1	（物体/植物）有，在，持有	あそこに郵便局がある。/ わたしはお金がある。
	～にん（り）	【～人】				～个人	
*	ベンチ		〈名〉		1	长椅，长凳	
	とり	【鳥】	〈名〉		0	鸟	
*	はと	【鳩】	〈名〉		1	鸽子	

P 74

こうばん	【交番】	〈名〉	0	派出所，治安岗亭
となり		〈名〉	0	邻居，隔壁
うえ	【上】	〈名〉	0	上，上面
した	【下】	〈名〉	0	下，下面
あいだ	【間】	〈名〉	0	在～中间
テーブル		〈名〉	0	桌子

*	しやくしょ	【市役所】	〈名〉	2	市政府
	うしろ	【後ろ】	〈名〉	0	后，后面
	よこ	【横】	〈名〉	0	旁边，侧面

P 75

かびん		〈名〉	0	花瓶
みぎ	【右】	〈名〉	0	右，右边
ほんだな	【本棚】	〈名〉	1	书架

P 76

せいと	【生徒】	〈名〉	1	（中）学生
こども	【子ども】	〈名〉	0	孩子，儿童
～つ				～个
～ほん（ぽん／ぼん）	【～本】			～枝，～条，～根
やくそく	【約束】	〈名〉	0	约会，约定
ようじ	【用事】	〈名〉	0	事情

おかね	【お金】	〈名〉	0	钱	
おんなのひと	【女の人】	〈名〉	0	女的，女人	
おとこのこ	【男の子】	〈名〉	3	男孩子	
あかちゃん	【赤ちゃん】	〈名〉	1	婴儿	
おとな	【大人】	〈名〉	0	大人，成人	

P 77

はがき		〈名〉	0	明信片	
～まい	【～枚】			～张	
～だい	【～台】			～台，～辆	
きって	【切手】	〈名〉	0	邮票	
おとこのひと	【男の人】	〈名〉	0	男的	
いくつ		〈疑〉	1	几个	りんごがいくつありますか。
きょうだい	【兄弟】	〈名〉	1	兄弟姐妹	

P 78

～かげつ	【～か月】			～个月	

～しゅうかん	【～週間】				～个星期，～周	
～かい	【～回】				～次	
こいびと	【恋人】	〈名〉		0	恋人，对象，情侣	
～じかん	【～時間】				～个小时	
かかります		〈动Ⅰ〉	かかる	2	花费（时间，金钱）	東京から大阪まで2時間かかる。
くらい	【ぐらい】	〈助〉			大约，左右	１年に10回ぐらい映画を見ます。
どのくらい	【どのぐらい】	〈疑〉		0	多少	家から学校までどのぐらいかかりますか。
おととし		〈名〉		2	前年	

P 79

プール		〈名〉		1	游泳池	
およぎます	【泳ぎます】	〈动Ⅰ〉	泳ぐ	2	游泳	1か月に3回プールで泳ぐ。
だします	【出します】	〈动Ⅰ〉	出す	1	提交	1か月に2回レポートを出す。
～はい（ぱい／ばい）	【～杯】				～杯，～碗	
にもつ	【荷物】	〈名〉		1	包裹，行李	

こうくうびん	【航空便】	〈名〉	0	航空邮寄	
ふなびん	【船便】	〈名〉	0	船运邮寄	

P 80

だれか	【誰か】			谁，什么人，某人	学校の中にだれかいますか。
ぜんぶ	【全部】	〈名〉	1	全，全部	
しか		〈助〉		仅仅，只	300円しかありません。
どうぶつえん	【動物園】	〈名〉	4		

P 81

	ほしい		〈い形〉		2	想要	わたしはかばんがほしいです。

P 82

*	デジタルカメラ		〈名〉		5	数码相机	
	かるい	【軽い】	〈い形〉		0	轻	軽い自転車がほしいです。
	どうしましたか					怎么了？出什么事了？	

P 83

	りょこうします	【旅行します】	〈动III〉	旅行する	0	旅行	来週、旅行する。
	カレーライス		〈名〉		4	咖喱饭	
	どこか					哪里，某个地方	日曜日にどこかへ行きますか。
*	かぶき	【歌舞伎】	〈名〉		0	歌舞伎	

P 84

	わすれもの	【忘れ物】	〈名〉		0	失物，遗忘的物品	

とります	【取ります】	〈动Ⅰ〉	取る	1	取，拿	忘れ物を取る。
ダンス		〈名〉		1	舞蹈，跳舞	
ならいます	【習います】	〈动Ⅰ〉	習う	2	学习	ダンスを習う。
うたいます	【歌います】	〈动Ⅰ〉	歌う	0	唱	歌を歌う。
おんせん	【温泉】	〈名〉		0	温泉	
はいります	【入ります】	〈动Ⅰ〉	入る	1	进入	温泉に入る。
うわぎ	【上着】	〈名〉		0	外套，上衣	
かえします	【返します】	〈动Ⅰ〉	返す	1	返还，归还	本を返す。

P 85

コピーします		〈动Ⅲ〉	コピーする	1	复印	資料をコピーする。
かります	【借ります】	〈动Ⅱ〉	借りる	0	借（进来）	本を借りる。
*クラスメート		〈名〉		4	同班同学	
ひるやすみ	【昼休み】	〈名〉		3	午休	
また		〈副〉		0	再，又	また今度誘ってください。
こんど	【今度】	〈名〉		1	下次	

*	さそいます	【誘います】	〈动Ⅰ〉	誘う	0	邀请	友だちを誘う。
	おみまい	【お見舞い】	〈名〉		0	探望	
*	がいこくじんとうろく	【外国人登録】	〈名〉		7	外国人登记	

P 86

	もちます	【持ちます】	〈动Ⅰ〉	持つ	1	拿，拥有，携带	かばんを持つ。
	すみます	【住みます】	〈动Ⅰ〉	住む	1	居住	この町に住む。
	くすり	【薬】	〈名〉		0	药	
	はきます		〈动Ⅰ〉	はく	0	穿（鞋袜，裤子等）	靴をはく。
	ちず	【地図】	〈名〉		1	地图	
	おぼえます	【覚えます】	〈动Ⅱ〉	覚える	3	记住	漢字を覚える。

P 87

	さいふ	【財布】	〈名〉	0	钱包	
*	フリーマーケット		〈名〉	4	跳蚤市场，旧货市场	
*	つうしんはんばい	【通信販売】	〈名〉	5	邮购	

あるきます	【歩きます】	〈动Ⅰ〉	歩く	2	步行，行走	町を歩く。
* テレビショッピング		〈名〉		4	电视购物	
もっと		〈副〉		1	更加	もっとことばを覚えたいです。
いれます	【入れます】	〈动Ⅱ〉	入れる	0	把～放入	財布にお金を入れる。

P 88

* アクション		〈名〉		1	动作片	
もういちど	【もう一度】	〈副〉		0	再一次	もう一度お願いします。
～ちゅう（じゅう）	【～中】				整个（时间段）	
いいですよ					好啊，行啊（※许可，读升调）	

P 89

とびます	【飛びます】	〈动Ⅰ〉	飛ぶ	0	飞	鳥が飛ぶ。
かけます		〈动Ⅱ〉	かける	2	戴（眼镜）	めがねをかける。

P 90

はしります	【走ります】	〈动Ⅰ〉	走る	2	（车）开，跑	電車が走る。
あめ	【雨】	〈名〉		1	雨，下雨天	
ふります	【降ります】	〈动Ⅰ〉	降る	1	下（雨，雪）	雨が降る。
はなします	【話します】	〈动Ⅰ〉	話す	2	说，说（某种语言）	日本語で話す。
おどります	【踊ります】	〈动Ⅰ〉	踊る	0	跳舞	踊りを踊る。

P 91

いいます	【言います】	〈动Ⅰ〉	言う	0	说，叫做～	名前を言う。
ひきます	【引きます】	〈动Ⅰ〉	引く	0	感冒	風邪を引く。
しにます	【死にます】	〈动Ⅰ〉	死ぬ	0	死，死亡	犬が死ぬ。

のります	【乗ります】	〈动Ⅰ〉	乗る	0	乘坐，骑	バスに乗る。
あけます	【開けます】	〈动Ⅱ〉	開ける	0	打开（门窗等）	窓を開ける。
はじめます	【始めます】	〈动Ⅱ〉	始める	0	使～开始	授業を始める。
わすれます	【忘れます】	〈动Ⅱ〉	忘れる	0	忘记	名前を忘れる。
そうじします	【掃除します】	〈动Ⅲ〉	掃除する	0	打扫，扫除	部屋を掃除する。
せんたくします	【洗濯します】	〈动Ⅲ〉	洗濯する	0	洗（衣服），洗涤	服を洗濯する。
けっこんします	【結婚します】	〈动Ⅲ〉	結婚する	0	结婚	ワンさんとリーさんが結婚する。
まちます	【待ちます】	〈动Ⅰ〉	待つ	1	等待	友だちを待つ。
いそぎます	【急ぎます】	〈动Ⅰ〉	急ぐ	2	急，快走，加快	駅へ急ぐ。
よびます	【呼びます】	〈动Ⅰ〉	呼ぶ	0	叫，呼叫	タクシーを呼ぶ。

P 92

おしえます	【教えます】	〈动Ⅱ〉	教える	0	教，教导	日本語を教える。
しります	【知ります】	〈动Ⅰ〉	知る	0	认识，知道	今井さんを知っている。
だいがくいん	【大学院】	〈名〉		4	研究生院	
けいざい	【経済】	〈名〉		1	经济	

*

*	けんきゅう	【研究】	〈名〉		0	研究	
*	コック		〈名〉		1	厨师	
*	いざかや	【居酒屋】	〈名〉		0	小酒馆	
*	かいます	【飼います】	〈动Ⅰ〉	飼う	1	饲养	犬を飼う。

P 93

*	しゅっぱんしゃ	【出版社】	〈名〉		3	出版社	
*	しんぶんしゃ	【新聞社】	〈名〉		3	报社	
*	けんきゅうじょ	【研究所】	〈名〉		0	研究所	
	ちかく	【近く】	〈名〉		2	附近	
*	ファミリーレストラン		〈名〉		5	家庭餐馆	
*	ハンバーグ		〈名〉		3	牛肉饼	
*	ていしょく	【定食】	〈名〉		0	套餐	
*	デザート		〈名〉		2	甜点	
*	ヨーグルト		〈名〉		3	酸奶	
	みんな		〈名〉		3	全体，大家	

	はれます	【晴れます】	〈动II〉	晴れる	2	放晴，晴天	先週の日曜日は晴れていた。
*	バイト		〈名〉		0	打工	
*	～さき	【～先】				～的地方	
	さびしい	【寂しい】	〈い形〉		3	寂寞	友だちがいませんから、寂しいです。
	メニュー		〈名〉		1	菜单	

P 94

	かぶります		〈动I〉	かぶる	2	戴（帽子）	帽子をかぶる。
	きます	【着ます】	〈动II〉	着る	0	穿（衣服等）	シャツを着る。
	シャツ		〈名〉		1	衬衫	
*	ブーツ		〈名〉		1	靴子	
	スーツ		〈名〉		1	西服，西服套装	

P 95

*	ラジカセ		〈名〉		0	收录音机	
	どの		〈连体〉		1	哪个	どの人ですか。
	しろい	【白い】	〈い形〉		2	白色的	白いスカートをはきます。

セーター		〈名〉		1	毛衣	
* けいさつかん	【警察官】	〈名〉		4	警察	
* かんごし	【看護師】	〈名〉		3	护士	
としうえ	【年上】	〈名〉		0	年长，(比别人) 年纪大	
だいがくせい	【大学生】	〈名〉		3	大学生	
いっしょうけんめいな	【一生懸命な】	〈な形〉		5	拼命地	毎日一生懸命 (に) 勉強しています。
しょうかいします	【紹介します】	〈动III〉	紹介する	0	介绍	友だちを紹介する。

P 96

あ		〈感〉		1	啊 (※惊讶，发现，疑问)	あ、雨ですね。
もしもし		〈感〉		1	喂喂?	もしもし、どちらさまですか。
でかけます	【出かけます】	〈动II〉	出かける	0	出门	町へ出かける。
ああ		〈感〉		1	啊 (※恍然大悟)	ああ、そうですか。
あとで					之后，过会儿	

*	ふどうさん	【不動産】	〈名〉		2	房地产	
	さがします	【探します】	〈动Ⅰ〉	探す	0	找，寻找	アルバイトを探す。
	おそく	【遅く】	〈名〉		0	晚，很晚的时间	
	うるさい		〈い形〉		3	吵闹的，嘈杂的	隣の人が遅くまで音楽を聞いていて、うるさいです。
	はやく	【早く】	〈副〉		1	快点，早点	早く引越したいです。
	ひっこします	【引越します】	〈动Ⅰ〉	引越す	3	搬家	駅の近くに引越す。
*	めんせつ	【面接】	〈名〉		0	面试	

P 97

は	【歯】	〈名〉		1	牙齿	
みがきます	【磨きます】	〈动I〉	磨く	0	刷，擦	歯を磨く。
すわります	【座ります】	〈动I〉	座る	0	坐	こちらに座ってください。

P 98

シャワー		〈名〉		1	淋浴	
あびます	【浴びます】	〈动II〉	浴びる	0	淋，沐浴	シャワーを浴びる。
あらいます	【洗います】	〈动I〉	洗う	0	洗	顔を洗う。
* ジョギングします		〈动III〉	ジョギングする	0	慢跑，跑步	毎朝ジョギングする。
おふろ	【お風呂】	〈名〉		2	浴池，澡盆	

P 99

あつまります	【集まります】	〈动I〉	集まる	3	聚集，集合	朝9時に集まる。
なまえ	【名前】	〈名〉		0	名字	

コート		〈名〉		1	大衣，外套	
かけます		〈动II〉	かける	2	挂（大衣）	コートをかける。
かします	【貸します】	〈动I〉	貸す	0	借出	辞書を貸す。
どうも		〈副〉		1	非常（感谢，抱歉）	どうもありがとうございます。
てつだいます	【手伝います】	〈动I〉	手伝う	3	帮忙	ちょっと手伝ってください。
ゆっくり		〈副〉		3	慢慢地	ゆっくり話してください。
どれか				1	某个，（三者以上的）其中一个	どれか一つ持って行く。
みせます	【見せます】	〈动II〉	見せる	2	出示，给～看	メニューを見せる。

P 100

にく	【肉】	〈名〉		2	肉	
うすい		〈い形〉		0	薄的，（口味）淡的	この本は薄いです。
りっぱな	【立派な】	〈な形〉		0	出色的，气派的	キムさんは立派な人です。
* どくしん	【独身】	〈名〉		0	独身	
まずい		〈い形〉		2	难吃，糟糕	あの店は料理がまずいです。
けしき	【景色】	〈名〉		1	景色	

	うつくしい	【美しい】	〈い形〉	4	美丽的	富士山の景色は美しいです。
	かれ	【彼】	〈名〉	1	他，男朋友	

P 101

*	だいこん	【大根】	〈名〉	0	白萝卜	
*	にんじん		〈名〉	0	胡萝卜	
	おじ		〈名〉	0	叔叔，伯伯，舅舅	
*	むぎちゃ	【麦茶】	〈名〉	2	大麦茶	
*	ウーロンちゃ	【ウーロン茶】	〈名〉	3	乌龙茶	
	そつぎょうしき	【卒業式】	〈名〉	3	毕业典礼	
	え		〈感〉	1	诶（※疑问）	え、どの人ですか。
*	ほら		〈感〉	1	看！瞧！	ほら！あそこのひと。
	はいしゃ	【歯医者】	〈名〉	1	牙科，牙科医生	
	えきまえ	【駅前】	〈名〉	3	车站附近	
	びよういん	【美容院】	〈名〉	2	理发店	

P 102

* たいそうします	【体操します】	〈动III〉	体操する	0	做体操	公園で体操する。
はります		〈动I〉	はる	0	粘贴	切手をはる。
きっぷ	【切符】	〈名〉		0	车票，票	
ボタン		〈名〉		0	按钮，纽扣	
おします	【押します】	〈动I〉	押す	0	按，推	ボタンを押す。
* コンサート		〈名〉		1	音乐会	
* せんこうします	【専攻します】	〈动III〉	専攻する	0	专攻，专修，专业	経営を専攻する。
* けいえい	【経営】	〈名〉		0	经营	
せんもんがっこう	【専門学校】	〈名〉		5	专业学校	

P 103

* くちぶえ	【口笛】	〈名〉		0	口哨	
ふきます	【吹きます】	〈动I〉	吹く	1	吹	口笛を吹く。
* はなうた	【鼻歌】	〈名〉		0	哼唱	
じゅんび	【準備】	〈名〉		1	准备	

	ひ	【日】	〈名〉		0	日子	
	ビール		〈名〉		1	啤酒	
*	えだまめ	【枝豆】	〈名〉		0	毛豆	
*	さいこうな	【最高な】	〈な形〉		0	最好，最高	暑い日はビールが最高です。
	なべ		〈名〉		1	火锅，锅	

P 104

	さくら	【桜】	〈名〉		0	樱花	
*	チャーハン		〈名〉		1	炒饭	
	どれくらい		〈疑〉			大约多久，大约多少	日本へ来てどれくらいですか。
	ところ		〈名〉		0	地方，场所	
	あんないします	【案内します】	〈动III〉	案内する	3	带路，向导，导游	お台場へ案内する。
	でも		〈接〉		1	可是	風邪を引きました。でも、学校へ来ました。

P 105

たばこ		〈名〉		0	香烟，烟草	
すいます	【吸います】	〈动Ⅰ〉	吸う	0	吸（烟）	たばこを吸う。
いらっしゃいませ					欢迎光临	
ごちゅうもん	【ご注文】	〈名〉		0	点菜	
きまります	【決まります】	〈动Ⅰ〉	決まる	0	决定，定下来	注文が決まる。
ピザ		〈名〉		1	披萨饼	
* ほんじつ	【本日】	〈名〉		1	今天，本日	
ランチ		〈名〉		1	午餐	

P 106

さわぎます	【騒ぎます】	〈动Ⅰ〉	騒ぐ	2	吵闹，吵嚷	電車の中で騒ぐ。
おきます	【置きます】	〈动Ⅰ〉	置く	0	放，放置	自転車を置く。
かべ	【壁】	〈名〉		0	墙	
とめます	【止めます】	〈动Ⅱ〉	止める	0	使停止	車を止める。
ボール		〈名〉		0	球	

しけん	【試験】	〈名〉		2	考试，测验	
けっせきします	【欠席します】	〈动III〉	欠席する	0	缺席	試験の日に欠席する。
あと		〈副〉		1	再过～（时间，距离）	あと1時間待ちます。
はじめ		〈名〉		0	开始，最初	
さわります	【触ります】	〈动I〉	触る	0	触摸	部屋の中のものに触らないでください。
もの		〈名〉		2	东西	

P 107

うります	【売ります】	〈动I〉	売る	0	卖	切符を売る。
あつめます	【集めます】	〈动II〉	集める	3	收集，把～集合起来	切手を集める。
けします	【消します】	〈动I〉	消す	0	关（电器），去除	電気を消す。

P 108

おなか		〈名〉		0	肚子	
すきます		〈动I〉	すく	0	饿，空	おなかがすく。

	ねむい	【眠い】	〈い形〉		0	困	とても眠いです。
*	のど		〈名〉		1	嗓子，喉咙	
	かわきます	【渇きます】	〈动Ⅰ〉	渇く	2	渴	のどが渇く。
	クーラー		〈名〉		1	冷气机，空调	
	かぎ		〈名〉		2	钥匙，锁	
	かけます		〈动Ⅱ〉	かける	2	上锁	かぎをかける。

P 109

	ドア		〈名〉		1	门	
	しめます	【閉めます】	〈动Ⅱ〉	閉める	2	关（门窗）	ドアを閉める。
*	しゅっちょう	【出張】	〈名〉		0	出差	
*	スピーチ		〈名〉		2	演讲，致辞	
	たのみます	【頼みます】	〈动Ⅰ〉	頼む	2	委托，请求	友だちにスピーチを頼む。
	わたります	【渡ります】	〈动Ⅰ〉	渡る	0	渡过，过	川を渡る。
	かよいます	【通います】	〈动Ⅰ〉	通う	0	上学，上班，定期往返于某地	学校へ通う。
*	しょうめいしゃしん	【証明写真】	〈名〉		5	证件照	

	かたづけます	【片付けます】	〈动II〉	片付ける	4	收拾	部屋を片付ける。
	ならびます	【並びます】	〈动I〉	並ぶ	0	排队，排列，并排	ここに並ぶ。
	ちゅうしゃじょう	【駐車場】	〈名〉		0	停车场	

P 110

*	しあい	【試合】	〈名〉		0	比赛	
	けが	【怪我】	〈名〉		2	受伤，伤	
	むり	【無理】	〈名〉		1	过分，不量力，勉强行事	

P 111

	オレンジジュース		〈名〉		5	橙汁	
	なんでも	【何でも】				无论什么都～	この店は何でもおいしいですよ。
*	ぺこぺこな		〈な形〉		0	非常饿的样子	おなかがぺこぺこです。
*	てんぷらそば	【天ぷらそば】	〈名〉		5	天麸罗荞麦面	
*	たぬきうどん		〈名〉		4	油渣乌冬面	

*	ミックスピザ		〈名〉	5	混合披萨	
*	シーフードピザ		〈名〉	6	海鲜披萨	
*	オムライス		〈名〉	3	蛋包饭	
*	かつどん	【かつ丼】	〈名〉	0	炸肉排盖饭	
*	おやこどん	【親子丼】	〈名〉	0	鸡肉鸡蛋盖饭	

P 112

	あっ		〈感〉	1	啊（※惊讶，发现）	あっ、雨ですね。
*	～めいさま	【～名様】			～位	

P 113

*	インフルエンザ		〈名〉		5	流行性感冒	
*	ちゅうしゃ	【注射】	〈名〉		0	注射，打针	
*	どうしても		〈副〉		4	无论如何	どうしてもしなければなりませんか。

P 114

	すてます	【捨てます】	〈动II〉	捨てる	0	扔掉，舍弃	ごみを捨てる。
	ぬぎます	【脱ぎます】	〈动I〉	脱ぐ	1	脱下	靴を脱ぐ。
*	さきに	【先に】	〈副〉		0	先	先に帰ります。
	つけます		〈动II〉	つける	2	开（电器）	クーラーをつける。
*	まちあわせ	【待ち合わせ】	〈名〉		0	等候，约会，碰头	
	おくれます	【遅れます】	〈动II〉	遅れる	0	晚到，迟到	待ち合わせに遅れる。
*	スニーカー		〈名〉		2	运动鞋，帆布鞋	

P 115

たちます	【立ちます】	〈动Ⅰ〉	立つ	1	离开，站立	席を立つ。
せき	【席】	〈名〉		1	席位，座位	
すぐに		〈副〉		1	马上，立刻	すぐに書きます。
* けんさ	【検査】	〈名〉		1	检查	
* プリント		〈名〉		0	印刷，印刷品	

P 116

とおります	【通ります】	〈动Ⅰ〉	通る	1	通过，通行	ここを通る。
ろうか	【廊下】	〈名〉		0	走廊	
* はなび	【花火】	〈名〉		1	烟花，烟火	
いけ	【池】	〈名〉		2	池塘	
つります	【釣ります】	〈动Ⅰ〉	釣る	0	钓（鱼）	魚を釣る。

P 117

さき	【先】	〈名〉		0	前面，先	宿題が先です。

*	てつだい	【手伝い】	〈名〉		3	帮助，帮忙	
	きょうかしょ	【教科書】	〈名〉		3	教科书	
*	おんがくかい	【音楽会】	〈名〉		4	音乐会	
*	マナー		〈名〉		1	礼仪	
	クラス		〈名〉		1	班级	
*	とちゅう	【途中】	〈名〉		0	中间，中途	
*	ロビー		〈名〉		1	大厅，大堂	
*	ぜったい	【絶対】	〈副〉		0	绝对	絶対に途中で入ってはいけません。
*	まもります	【守ります】	〈动Ⅰ〉	守る	2	遵守，保护	約束を守る。
	こえ	【声】	〈名〉		1	声音	

P 118

あまります	【余ります】	〈动Ⅰ〉	余る	2	余下，剩下	ご飯が余っている。
うごかします	【動かします】	〈动Ⅰ〉	動かす	3	把～移动，开动	機械を動かす。
とまります	【泊まります】	〈动Ⅰ〉	泊まる	0	投宿，过夜	ホテルに泊まる。
なおります	【直ります】	〈动Ⅰ〉	直る	2	纠正，改正	間違いが直る。

	しらせます	【知らせます】	〈动II〉	知らせる	0	通知	みんなに時間を知らせる。
	きめます	【決めます】	〈动II〉	決める	0	决定	時間を決める。
	きがえます	【着替えます】	〈动II〉	着替える	3	换衣服	服を着替える。
	うごきます	【動きます】	〈动I〉	動く	2	动，活动，运转	機械が動く。
	とどきます	【届きます】	〈动I〉	届く	2	达到，送达	メールが届く。
*	れんらくします	【連絡します】	〈动III〉	連絡する	0	联络	学校に連絡する。

P 119

*	ていしゅつします	【提出します】	〈动III〉	提出する	0	提交，提出	レポートを提出する。
	よわい	【弱い】	〈い形〉		2	弱，脆弱，不擅长	お酒が弱いです。
	むりな	【無理な】	〈な形〉		1	勉强，强迫	無理に飲まなくてもいいです。
	ほかの	【他の】				别的，其他的	
*	ぜんいん	【全員】	〈名〉		0	全体人员，所有人	
*	そうたいします	【早退します】	〈动III〉	早退する	0	早退	学校を早退する。
*	しんせい	【申請】	〈名〉		0	申请	
	もどります	【戻ります】	〈动I〉	戻る	2	返回，回到	学校へ戻る。

	どちらでも		〈副〉	1	任何一方都～，哪个都～	どちらでもいいです。
*	せつめいかい	【説明会】	〈名〉	3	说明会	
*	けんこうしんだん	【健康診断】	〈名〉	5	体检，健康检查	
	どこでも		〈副〉	1	任何地方都～	どこでもかまいません。
	ばしょ	【場所】	〈名〉	0	场所，地点	
	いつでも		〈副〉	1	任何时候都～	いつでも連絡してください。

P 120

	どうしたんですか				怎么了？	
	ねつ	【熱】	〈名〉	2	发烧	
	～ど	【～度】			～度（体温）	
*	～ぶ	【～分】			～分（体温）	
	ええっ		〈感〉	2	诶（※诧异）	ええっ、注射ですか。
	いたい	【痛い】	〈い形〉	2	痛的	注射は痛いです。
	～ぶん	【～分】			～份，～分量	
*	おだいじに	【お大事に】			请多保重	

P 121

	プレゼント		〈名〉		2	礼物	
	あげます		〈动II〉	あげる	0	给出，送给	彼にチョコレートをあげる。
	もらいます		〈动I〉	もらう	0	得到，收到	彼に花をもらう。
	くれます		〈动II〉	くれる	0	给（我）	彼がプレゼントをくれる。

P 122

	はな	【花】	〈名〉	2	花
*	ギョーザ		〈名〉	0	饺子
	フィルム		〈名〉	1	胶卷，底片
	ビデオテープ		〈名〉	4	录像带
*	ちゅうかりょうり	【中華料理】	〈名〉	4	中国菜
	しゅじん	【主人】	〈名〉	1	丈夫，主人
	きもの	【着物】	〈名〉	0	和服
	はいざら	【灰皿】	〈名〉	0	烟灰缸

P 123

*	れきし	【歴史】	〈名〉		0	历史	
	レコード		〈名〉		2	唱片	
	そぼ	【祖母】	〈名〉		1	祖母，外祖母	
*	あみます	【編みます】	〈动Ⅰ〉	編む	1	编织	セーターを編む。
*	せんたくき	【洗濯機】	〈名〉		4	洗衣机	
	ゆびわ	【指輪】	〈名〉		0	戒指	
	にわ	【庭】	〈名〉		0	庭院	
	みち	【道】	〈名〉		0	道路	
*	しょうがくきん	【奨学金】	〈名〉		0	奖学金，助学贷款	
*	ファックス	【FAX】	〈名〉		1	传真	
	おいわい	【お祝い】	〈名〉		0	祝贺，贺礼	
*	にゅうがくがんしょ	【入学願書】	〈名〉		5	入学申请书	
*	えんそく	【遠足】	〈名〉		0	远足，郊游	
	たいしかん	【大使館】	〈名〉		3	大使馆	

	ビザ		〈名〉		1	签证	

P 124

*	えはがき	【絵葉書】	〈名〉		2	印有图画或风景照片的明信片	
	ふうとう	【封筒】	〈名〉		0	信封	
	よやくします	【予約します】	〈动III〉	予約する	0	预约，预定	レストランを予約する。
*	しょうせつ	【小説】	〈名〉		0	小说	
	～かた	【～方】				～的方法	キムチの作り方

P 125

	かない	【家内】	〈名〉		1	（我的）妻子	
	まんねんひつ	【万年筆】	〈名〉		3	钢笔	
	こ	【子】	〈名〉		0	孩子，幼儿	
*	えほん	【絵本】	〈名〉		2	图画书，连环画	
	そふ	【祖父】	〈名〉		1	祖父，外祖父	
	スイス		〈名〉		1	瑞士	

P 126

*	ストラップ		〈名〉		3	手机挂件	
*	はなたば	【花束】	〈名〉		2	花束	
*	クリスマスカード		〈名〉		6	圣诞卡	
*	キーホルダー		〈名〉		3	钥匙圈	
	てぶくろ	【手袋】	〈名〉		2	手套	
	おくります	【送ります】	〈动I〉	送る	0	寄送	花束を送る。
	おもちゃ		〈名〉		2	玩具	
	なおします	【直します】	〈动I〉	直す	2	修理，修改	自転車を直す。

P 127

*	ほうかご	【放課後】	〈名〉		0	放学后	
*	マフラー		〈名〉		1	围巾	
*	あみもの	【編物】	〈名〉		2	编织物，编织	
*	にあいます	【似合います】	〈动I〉	似合う	2	合适，相衬	この色が彼女によく似合う。

	うれしい		〈い形〉		3	高兴的，愉快的	プレゼントをもらってうれしいです。
*	ガーデニング		〈名〉		0	园艺	
*	さどう	【茶道】	〈名〉		1	茶道	
*	しょどう	【書道】	〈名〉		1	书法	
*	じゅうどう	【柔道】	〈名〉		1	柔道	
*	すごい		〈い形〉		2	厉害，非常，很	キムさんはすごいですね。
	やります		〈动Ⅰ〉	やる	0	干，做	柔道をやる。

P 128

	かいわ	【会話】	〈名〉		0	会话，对话	
	つぎ	【次】	〈名〉		2	下次，下一个	
	えらびます	【選びます】	〈动Ⅰ〉	選ぶ	2	选择	いいものを選ぶ。
*	こくない	【国内】	〈名〉		2	国内	
	いいなあ					真好啊（※羡慕，向往）	北海道がいいなあ。
	たぶん		〈副〉		1	大概，可能	たぶん交通費が高いです。

*	こうつうひ	【交通費】	〈名〉		3	交通费	
	なつやすみ	【夏休み】	〈名〉		3	暑假	
	けんぶつ	【見物】	〈名〉		0	游览，观赏	
	とくいな	【得意な】	〈な形〉		2	拿手，擅长	コンピューターが得意です。
	さっき		〈名〉		1	刚才，刚刚	
*	けいたい	【携帯】	〈名〉		0	手机	
	なります	【鳴ります】	〈动Ⅰ〉	鳴る	0	响，发出声音	電話が鳴る。
	かのじょ	【彼女】	〈名〉		1	女朋友，她	
	おれい	【お礼】	〈名〉		0	表示感谢，谢礼	
*	かわります		〈动Ⅰ〉	かわる	0	替换，代替，转接	もしもし、お電話、かわりました。

P 129

こと		〈名〉		2	事，事情	
なります		〈动Ⅰ〉	なる	1	成为，变成	二十歳になる。
できます		〈动Ⅱ〉	できる	2	能，会，可以	日本語を話すことができる。
さきます	【咲きます】	〈动Ⅰ〉	咲く	0	（花）开	花が咲く。

P 130

いしゃ	【医者】	〈名〉		0	医生	
にゅうがくしけん	【入学試験】	〈名〉		5	入学考试	
ごうかくします	【合格します】	〈动Ⅲ〉	合格する	0	及格，合格	入学試験に合格する。
ふつう	【普通】	〈名〉		0	普通，一般	普通の会社員
むかし	【昔】	〈名〉		0	过去	
～けん	【～軒】				～家	
*ぶちょう	【部長】	〈名〉		0	部长	

P 131

	やきます	【焼きます】	〈动I〉	焼く	0	烤，烧	ケーキを焼く。
	ゆめ	【夢】	〈名〉		2	梦	
	しゃちょう	【社長】	〈名〉		0	社长，总经理	
	じぶん	【自分】	〈名〉		0	自己	
*	つうやく	【通訳】	〈名〉		1	翻译	
*	しょうせつか	【小説家】	〈名〉		0	小说家	

P 133

*	もうしこみ	【申し込み】	〈名〉		0	报名，申请	
*	おろします		〈动I〉	おろす	2	取（钱），放下，卸下	お金をおろす。
*	とくぎ	【特技】	〈名〉		1	特长	
*	てじな	【手品】	〈名〉		1	魔术	
*	けんだま	【けん玉】	〈名〉		0	托球游戏	
*	おりがみ	【折り紙】	〈名〉		0	折纸	

*	はやくちことば	【早口言葉】	〈名〉		5	绕口令	
	～キロメートル				3	～公里	

P 134

*	キーボード		〈名〉		3	键盘	
	うちます	【打ちます】	〈动Ⅰ〉	打つ	1	打，敲击	キーボードを打つ。
*	ペット		〈名〉		1	宠物	
	カード		〈名〉		1	卡，卡片	
*	こくさいでんわ	【国際電話】	〈名〉		5	国际电话	
*	インターネットカフェ		〈名〉		8	网吧	
*	へんこう	【変更】	〈名〉		0	变更，更改	
*	まどぐち	【窓口】	〈名〉		2	服务窗口	
*	りょうがえ	【両替】	〈名〉		0	兑换，换钱	
*	コインランドリー		〈名〉		4	投币式洗衣机	
*	キャンセル		〈名〉		1	取消	
*	てすうりょう	【手数料】	〈名〉		2	手续费	

*	ていか	【定価】	〈名〉		0	定价	
	～パーセント		〈名〉		3	百分之～	
	どうしようかな					怎么办啊	
*	もうしこみます	【申し込みます】	〈动Ⅰ〉	申し込む	4	报名，申请	試験を申し込む。
			P 135				
	さとう	【砂糖】	〈名〉		2	砂糖	
	あまい	【甘い】	〈い形〉		0	甜的	砂糖を入れると甘くなります。
	まっすぐ		〈副〉		3	笔直，一直	この道をまっすぐ行きます。
	ひだり	【左】	〈名〉		0	左，左边	
	かど	【角】	〈名〉		1	角，拐角	
	まがります	【曲がります】	〈动Ⅰ〉	曲がる	0	拐弯	角を左に曲がる。
	しんごう	【信号】	〈名〉		0	交通信号灯，信号	
	すぐ		〈副〉		1	马上，立刻	まっすぐ行くと、すぐ銀行があります。
*	あたり	【当たり】	〈名〉		0	中（奖）	

	でます	【出ます】	〈动II〉	出る	1	出现，出去	あたりが出る。
	もうひとつ	【もう一つ】				再一个	もう一つください。
	めざましどけい	【目覚し時計】	〈名〉		5	闹钟	
*	セットします		〈动III〉	セットする	1	设定	目覚まし時計をセットする。
	あいます		〈动I〉	あう	1	遭遇，遇到（事故等）	事故にあう。
	きをつけます	【気をつけます】		気をつける		小心，注意	車に気をつける。
*	こうつうじこ	【交通事故】	〈名〉		5	交通事故	
	そら	【空】	〈名〉		1	天空	
	だんだん		〈副〉		3	渐渐	空がだんだん暗くなります。
*	ガチャポン		〈名〉		0	扭蛋（投币玩具贩卖机）	
	どうやって					怎么～，用什么方法	どうやって遊びますか。
*	レバー		〈名〉		1	手柄，控制杆	
*	まわします	【回します】	〈动I〉	回す	0	转动，旋转	レバーを回す。
*	プリクラ		〈名〉		0	大头贴（投币照相机）	
*	シール		〈名〉		1	贴纸	

P 136

*	こうこく	【広告】	〈名〉	0	广告	
*	キッチン		〈名〉	1	厨房	
*	わふう	【和風】	〈名〉	0	日式	
*	ホール		〈名〉	1	大堂，大厅	
*	じきゅう	【時給】	〈名〉	0	时薪	
*	まだまだ		〈副〉	1	还	日本語がまだまだです。
	がいこく	【外国】	〈名〉	0	外国	

P 137

*	すもう	【相撲】	〈名〉		0	相扑	
*	たのしみな	【楽しみな】	〈な形〉		3	期待，期盼	相撲を楽しみにします。

P 138

*	ふじさん	【富士山】	〈名〉		1	富士山	
	のぼります	【登ります】	〈动Ⅰ〉	登る	0	爬，攀登	富士山に登る。
	なっとう	【納豆】	〈名〉		3	纳豆	
*	てつや	【徹夜】	〈名〉		0	彻夜，通宵	
*	みつぼし	【三つ星】	〈名〉		2	三星级（宾馆）	
	～ど	【～度】				～次	
*	ゆうれい		〈名〉		1	幽灵，鬼魂	

P 139

	えっ		〈感〉		1	诶（※诧异）	えっ、本当ですか。
	うそ	【嘘】	〈名〉		1	谎言	
	じょうだん	【冗談】	〈名〉		3	玩笑，笑话	

*	うちゅうじん	【宇宙人】	〈名〉		2	外星人	
*	ユーフォー	【UFO】	〈名〉		1	不明飞行物，飞碟	

P 140

	ふくしゅうします	【復習します】	〈动III〉	復習する	0	复习	習ったことを復習する。
	しつもんします	【質問します】	〈动III〉	質問する	0	提问	先生に質問する。
*	へいじつ	【平日】	〈名〉		0	工作日，平时	
	おしょうがつ	【お正月】	〈名〉		5	新年，一月	
*	しんせき	【親戚】	〈名〉		0	亲戚	
*	おせちりょうり	【おせち料理】	〈名〉		4	过年吃的饭菜，什锦年菜	
*	フルート		〈名〉		2	长笛，横笛	
*	がっき	【楽器】	〈名〉		0	乐器	
*	えんそうします	【演奏します】	〈动III〉	演奏する	0	演奏	楽器を演奏する。

P 141

	でんき	【電気】	〈名〉		1	电灯，电，电气	

	とき		〈名〉		2	～的时候，时间	
	うけます	【受けます】	〈动II〉	受ける	2	接受，参加	試験を受ける。
*	アポイント		〈名〉		2	预约	
	パスポート		〈名〉		3	护照	
*	がいこくじんとうろくしょう	【外国人登録証】	〈名〉			外国人登录证	
*	しかくがいかつどうきょかしょ	【資格外活動許可書】	〈名〉			资格外活动许可书	
*	がくせいしょう	【学生証】	〈名〉		0	学生证	
	はじめに					在开头，在最初	面接で、はじめに、自分の名前を言ってください。
	せいかく	【性格】	〈名〉		0	性格	
*	レベル		〈名〉		1	水平	
	いろいろな		〈な形〉		0	各种各样	面接でいろいろな質問をします。
	はっきり		〈副〉		3	清晰，清楚	はっきり話します。
	こたえます	【答えます】	〈动II〉	答える	3	回答	質問に答える。

すみませんが					对不起，不好意思	

P 144

だいどころ	【台所】	〈名〉		0	厨房	
* しょうらい	【将来】	〈名〉		1	将来	
ちゅうがく	【中学】	〈名〉		1	初中，中学	
そつぎょうします	【卒業します】	〈动III〉	卒業する	0	毕业	大学を卒業する。
こうこう	【高校】	〈名〉		0	高中	
つらい	【辛い】	〈い形〉		0	痛苦，难过，艰苦	仕事がとても辛いです。
どうして		〈疑〉		1	为什么	どうして学校に行きませんか。
もうすぐ		〈副〉		3	马上，快要	もうすぐ夏休みです。
やま	【山】	〈名〉		2	山	
だいぶ		〈副〉		0	相当，很	だいぶ大きくなりました。
なれます	【慣れます】	〈动II〉	慣れる	2	习惯	日本の生活に慣れる。

P 145

おもいます　【思います】　〈动I〉　思う　2　想，觉得　雪が降ると思う。

P 146

あぶない　【危ない】　〈い形〉　0　危险的　ここは危ないです。

コーラ　〈名〉　1　可乐

きかい　【機械】　〈名〉　2　机器，机械

P 147

うん　〈感〉　1　好的，对的，是的　見る？——うん、見る。

ううん　〈感〉　2　不，不对，不是　食べる？——ううん、食べない。

P 148

* おつかれさま　【お疲れさま】　您辛苦啦

わかれます　【別れます】　〈动II〉　別れる　3　分手，分别　人と別れる。

P 149

*	しょるい	【書類】	〈名〉		0	文件	
	わたします	【渡します】	〈动Ⅰ〉	渡す	0	递交，给	書類を先生に渡す。
	せかい	【世界】	〈名〉		1	世界	
*	～じゅう	【～中】				全～，整个范围内	
	まにあいます	【間に合います】	〈动Ⅰ〉	間に合う	3	赶得上，来得及	次の電車に間に合う。
	つきます	【着きます】	〈动Ⅰ〉	着く	1	到达	うちに着く。
	かちます	【勝ちます】	〈动Ⅰ〉	勝つ	1	胜利，取胜	試合に勝つ。
*	ダイエット		〈名〉		1	减肥，节食	
*	そうりだいじん	【総理大臣】	〈名〉		4	总理大臣，首相	
*	まあまあな		〈な形〉		1	马马虎虎，将就	その映画はまあまあです。
*	アニメ		〈名〉		1	动画片	
*	ストーリー		〈名〉		2	故事	
*	つうきんラッシュ	【通勤ラッシュ】	〈名〉		5	上下班高峰	
*	とかい	【都会】	〈名〉		0	都市，城市	

	しかたがない	【仕方がない】			没办法	
	しゃかい	【社会】	〈名〉	1	社会	
	こわい	【怖い】	〈い形〉	2	可怕，害怕	へびが怖いです。

P 150

*	たいかい	【大会】	〈名〉	0	大会	
*	ひごろ	【日頃】	〈名〉	0	平时，平日里	
*	おこない	【行い】	〈名〉	0	品行，行为	
	きっと		〈副〉	0	一定，很可能	あしたはきっと晴れるでしょう。
	そうか				这样啊	
	ねえ		〈感〉	1	哎，喂	ねえ、きのうのドラマを見た？
*	ドラマ		〈名〉	1	电视剧	
	いいわよ				好啊，行呀 (※同意（女性用语）)	
	とっても		〈副〉	0	非常	とってもおもしろかったです。
*	じつは	【実は】	〈副〉	2	实际上，其实	実は、あれは嘘です。

	きゅうに	【急に】	〈副〉		0	突然	急に寒くなります。
	かわります	【変わります】	〈动Ⅰ〉	変わる	0	变化	場所が変わる。
*	ドキドキします		〈动Ⅲ〉	ドキドキする	1	（心）扑通扑通地跳	話が急に変わって、ドキドキした。
*	しゅじんこう	【主人公】	〈名〉		2	主人公	
	おっ		〈感〉		1	哦（※察觉，惊讶）	おっ、いいね！
	いいね					好啊（※赞同）	
	いいよ					不用了（※婉拒，读降调）	
*	おれ		〈代〉		0	我（※男性用语）	
	じゃあ		〈接〉		1	那么	じゃあ、行きましょう。
	そと	【外】	〈名〉		1	外面	

P 152

	くもります	【曇ります】	〈动Ⅰ〉	曇る	2	（天）阴	午後から曇る。
	たいふう	【台風】	〈名〉		3	台风	
	ほし	【星】	〈名〉		0	星星	
*	ざんぎょう	【残業】	〈名〉		0	加班	

P 154

おばあさん		〈名〉		2	祖母，外祖母	
うまれます	【生まれます】	〈动II〉	生まれる	0	出生，诞生	ワンさんは上海で生まれた。
おじさん		〈名〉		0	叔叔，伯伯，舅舅	
おじいさん		〈名〉		2	祖父，外祖父	
おば		〈名〉		0	（我的）姨妈，姑姑	
おばさん		〈名〉		0	阿姨，姨妈，姑姑	
あげます		〈动II〉	あげる	0	举起，抬起	手をあげる。
こたえ	【答え】	〈名〉		2	回答，答案	
そば		〈名〉		1	旁边	

P 155

* しちゃくします	【試着します】	〈动III〉	試着する	0	试穿	服を試着する。
* おおそうじ	【大掃除】	〈名〉		3	大扫除	
* コンピューターソフト		〈名〉		7	电脑软件	

	つとめます	【勤めます】	〈动II〉	勤める	3	工作	銀行に勤めている。
*	かいがい	【海外】	〈名〉		1	海外，国外	
*	りれきしょ	【履歴書】	〈名〉		4	履历书	

P 156

	どうろ	【道路】	〈名〉		1	道路	
	すべります	【滑ります】	〈动I〉	滑る	2	打滑，滑行	道が滑る。
	ちゅういします	【注意します】	〈动III〉	注意する	1	小心，警告	車に注意してください。
*	きぶん	【気分】	〈名〉		1	（身体）舒服，心情	
	くうき	【空気】	〈名〉		1	空气	

P 157

	はじめて	【初めて】	〈副〉		2	第一次	初めて食べます。
	そうだん	【相談】	〈名〉		0	咨询，商量	
	どうすれば					怎么办才～	どうすればいいですか。
	まず		〈副〉		1	首先	まず電話をします。

	つき	【月】	〈名〉	2	月份，月亮	
*	かんりひ	【管理費】	〈名〉	3	管理费	
	ほかに	【他に】	〈副〉		其他，另外	他に何か要りますか。
	ひつような	【必要な】	〈な形〉	0	需要，必要	海外旅行で必要なものは何ですか。
*	しききん	【敷金】	〈名〉	2	（租房的）保证金	
*	れいきん	【礼金】	〈名〉	0	酬金	
	さいしょに	【最初に】			开头，最初	最初に30万円かかります。
	そんな		〈连体〉	0	那样的，那么	そんなお金がありません。
	これからも				今后也～	これからも寮に住んだほうがいいです。
	あーあ		〈感〉	1	哎呀（※无奈）	あーあ、しかたがないな。

P 158

	びょうき	【病気】	〈名〉	0	病，生病	
	じしん	【地震】	〈名〉	0	地震	
	きたない	【汚い】	〈い形〉	3	脏，肮脏	部屋が汚いです。

	りゅうがくします	【留学します】	〈动III〉	留学する	0	留学	アメリカに留学する。

P 159

	こまります	【困ります】	〈动I〉	困る	2	苦恼，为难	困ったときは、ここに来てください。
*	サポートがかり	【サポート係】	〈名〉		5	技术支持人员	
*	さいきどうします	【再起動します】	〈动III〉	再起動する	3	重启	パソコンを再起動する。
	とおく	【遠く】	〈名〉		3	远处，远	
*	まんかい	【満開】	〈名〉		0	盛开	
	ざんねんな	【残念な】	〈な形〉		3	遗憾，可惜	雨が降って残念でした。
	はなみ	【花見】	〈名〉		3	赏花	

P 160

	たいせつな	【大切な】	〈な形〉		0	重要的，珍贵的	この写真を大切にしています。
	まんなか	【真ん中】	〈名〉		0	正中间	
*	そふぼ	【祖父母】	〈名〉		2	祖父母	

*	みぎはし	【右はし】	〈名〉		0	右端	
	ぼうえき	【貿易】	〈名〉		0	贸易	
	おもいだします	【思い出します】	〈动I〉	思い出す	4	想起，回忆起	昔のことを思い出す。
	やくにたちます	【役に立ちます】		役に立つ		有用	ラジオは日本語の勉強に役に立つ。

P 162

*	さんこうしょ	【参考書】	〈名〉		0	参考书	
	たおれます	【倒れます】	〈动II〉	倒れる	3	倒下，倒塌	木が倒れる。
	じこ	【事故】	〈名〉		1	事故	

P 163

*	しょうろんぶん	【小論文】	〈名〉		3	小论文	
	べんとう	【弁当】	〈名〉		3	盒饭	

P 164

	いじょう	【以上】	〈名〉		1	以上	
*	せいこうします	【成功します】	〈动III〉	成功する	0	成功	ダイエットに成功する。
*	ミニスカート		〈名〉		4	超短裙	
*	たからくじ	【宝くじ】	〈名〉		3	彩票，奖券	
*	あたります		〈动I〉	あたる	0	中（奖）	宝くじが当たる。
*	せかいいっしゅう	【世界一周】			1-0	绕地球一周	

*	パイロット		〈名〉		3	飞行员	

P 165

	つづけます	【続けます】	〈动II〉	続ける	0	继续	勉強を続ける。
	ふとります	【太ります】	〈动I〉	太る	2	胖，变胖	食べても太りません。

P 166

	かっこいい		〈い形〉		4	帅，棒	彼はかっこいい人です。
	たちます	【建ちます】	〈动I〉	建つ	1	建，盖	ビルが建つ。
*	がいしゃ	【外車】	〈名〉		0	进口汽车	
	おかねもち	【お金持ち】	〈名〉		4	富翁，有钱人	
*	こきょう	【故郷】	〈名〉		1	故乡	
*	きんだいてきな	【近代的な】	〈な形〉		0	现代化的	上海は近代的な町です。
	ぜひ		〈副〉		1	一定	ぜひ来てください。
*	みなとまち	【港町】	〈名〉		3	港口城市	

*	ごみすて	【ごみ捨て】	〈名〉		0	扔垃圾	
	あらっ		〈感〉		1	哎呀（※惊讶（女性口吻））	あらっ、プレゼント？ありがとう。
	びん		〈名〉		1	瓶子	
*	だけど		〈接〉		1	可是	きょうは日曜日です。だけど、仕事をしなければなりません。
	もえます	【燃えます】	〈动II〉	燃える	0	燃烧，可燃	紙が燃える。
*	おおやさん	【大家さん】	〈名〉		1	房东	
	うーん		〈感〉		1	嗯（※含糊回答时用）	うーん、どうですかね。
	かん	【缶】	〈名〉		1	罐子	
	だめな		〈な形〉		2	不行，不好，白费	だめなことはだめです。
*	パック		〈名〉		1	包装盒	
	まちがえます	【間違えます】	〈动II〉	間違える	4	搞错，弄错	日を間違える。
	ただしい	【正しい】	〈い形〉		3	正确	正しいものを選んでください。
	ふとん		〈名〉		0	被子，铺盖	

*	ティッシュ		〈名〉		1	纸巾	

P 168

	がんばります	【頑張ります】	〈动I〉	頑張る	3	加油	練習を頑張る。
	つよい	【強い】	〈い形〉		2	强，强烈	風が強いです。
*	ゆうしょうします	【優勝します】	〈动III〉	優勝する	0	优胜，胜利	試合で優勝する。
	かぜ	【風】	〈名〉		0	风	
*	おおあめ	【大雨】	〈名〉		3	大雨	
*	ちゅうし	【中止】	〈名〉		0	中止，停止	
*	サッカーじょう	【サッカー場】	〈名〉		0	足球场	

P 169

しまります	【閉まります】	〈动Ⅰ〉	閉まる	2	（门窗等）关上	窓が閉まる。
あきます	【開きます】	〈动Ⅰ〉	開く	0	（门窗等）打开	窓が開く。
きえます	【消えます】	〈动Ⅱ〉	消える	0	（灯）灭，消失	電気が消える。

P 170

ながれます	【流れます】	〈动Ⅱ〉	流れる	3	流淌，流动	川が流れる。
つきます		〈动Ⅰ〉	つく	1	（灯）亮，打开	電気がつく。
ながします	【流します】	〈动Ⅰ〉	流す	2	冲洗，流出	水を流す。
おとします	【落とします】	〈动Ⅰ〉	落とす	2	使掉落，扔下	お金を落とす。
おちます	【落ちます】	〈动Ⅱ〉	落ちる	2	掉下，落下	財布が落ちる。
わります	【割ります】	〈动Ⅰ〉	割る	0	砸破，分割	窓を割る。
われます	【割れます】	〈动Ⅱ〉	割れる	0	破碎，破裂，分裂	コップが割れる。
とれます	【取れます】	〈动Ⅱ〉	取れる	2	脱落，掉下	ボタンが取れる。
とまります	【止まります】	〈动Ⅰ〉	止まる	0	停止	バスが止まる。
こわします	【壊します】	〈动Ⅰ〉	壊す	2	弄坏	コンピューターを壊す。

	こわれます	【壊れます】	〈动II〉	壊れる	3	坏，损坏	機械が壊れる。
	かわきます	【乾きます】	〈动I〉	乾く	2	干燥，干	洗濯物が乾く。
*	かわかします	【乾かします】	〈动I〉	乾かす	3	弄干，使干燥	ドライヤーで髪を乾かす。
	せんたくもの	【洗濯物】	〈名〉		0	洗涤好的东西	
*	ドライヤー		〈名〉		0	吹风机	
*	ふた		〈名〉		0	盖子	
*	まどガラス	【窓ガラス】	〈名〉		3	窗玻璃	
	ガラス		〈名〉		0	玻璃	
	たおします	【倒します】	〈动I〉	倒す	2	放倒，使倒下	背もたれを倒す。
*	せんじつ	【先日】	〈名〉		0	前几天	
*	せもたれ	【背もたれ】	〈名〉		2	靠背	
	ひきだし	【引き出し】	〈名〉		0	抽屉	
	せんめんじょ	【洗面所】	〈名〉		0	盥洗室	
	でんわばんごう	【電話番号】	〈名〉		4	电话号码	
	メモ		〈名〉		1	记录，笔记	

れいぞうこ	【冷蔵庫】	〈名〉		3	冰箱	
へんな	【変な】	〈な形〉		1	奇怪，不正常	変な人です。
げんかん	【玄関】	〈名〉		1	玄关，门厅	
かかります		〈动Ⅰ〉	かかる	2	上锁	かぎがかかる。

P 171

よごれます	【汚れます】	〈动Ⅱ〉	汚れる	0	受污染，脏	空気が汚れる。
よごします	【汚します】	〈动Ⅰ〉	汚す	0	弄脏	川を汚す。
ふくろ	【袋】	〈名〉		3	袋子	
やぶれます	【破れます】	〈动Ⅱ〉	破れる	3	破裂	服が破れる。
やぶります	【破ります】	〈动Ⅰ〉	破る	2	弄破	袋を破る。
ビニールぶくろ	【ビニール袋】	〈名〉		5	塑料袋	
ひも		〈名〉		0	绳子，鞋带	
きれます	【切れます】	〈动Ⅱ〉	切れる	2	断裂，切开	靴のひもが切れる。

P 172

* よていひょう	【予定表】	〈名〉		0	日程表	

*	しまいます		〈动Ⅰ〉	しまう	0	收起，放好	はさみを引き出しにしまう。
	はブラシ	【歯ブラシ】	〈名〉		2	牙刷	

P 173

	わーい		〈感〉		2	哇（※高兴，激动）	わーい、うれしいなあ。
*	おやつ		〈名〉		2	零食，点心	
	のせます		〈动Ⅱ〉	のせる	0	放，装载	料理をお盆に載せる。
	ならべます	【並べます】	〈动Ⅱ〉	並べる	0	摆放，陈列	料理をテーブルに並べる。
*	スパゲッティ		〈名〉		3	意大利面	
	スープ		〈名〉		1	汤	
*	おぼん	【お盆】	〈名〉		2	托盘，盆	
	おばちゃん		〈名〉		0	阿姨，姨妈，姑姑	
*	なふだ	【名札】	〈名〉		0	姓名牌，胸牌	
	かなしい	【悲しい】	〈い形〉		0	伤心，悲伤	ペットが死んで悲しいです。
	とし	【年】	〈名〉		2	年龄	

P 174

	おと	【音】	〈名〉		2	声音	
	すくない	【少ない】	〈い形〉		3	少	人が少ないです。

P 175

	ストーブ		〈名〉		2	取暖炉	
	せつめい	【説明】	〈名〉		0	说明	
*	もんだいしゅう	【問題集】	〈名〉		3	问题集，练习册	
*	スイッチ		〈名〉		2	开关	
*	イメージ		〈名〉		2	形象	
	かえます	【変えます】	〈动II〉	変える	0	改变，使变化	イメージを変える。
*	ストレートパーマ		〈名〉		6	拉直发，烫成直发	
*	まえがみ	【前髪】	〈名〉		0	前刘海	
	かけます		〈动II〉	かける	2	烫发	パーマをかける。
*	アップ		〈名〉		1	盘发，绾发髻	

P 176

*	しんにゅうせい	【新入生】	〈名〉		3	新生	
*	かんげい	【歓迎】	〈名〉		0	欢迎	
	ひえます	【冷えます】	〈动II〉	冷える	2	凉，冰	ビールが冷える。
	ひやします	【冷やします】	〈动I〉	冷やす	2	冰镇，使变冷	ビールを冷やす。
	こぼします		〈动I〉	こぼす	2	洒落，弄洒	水をこぼす。
	こぼれます		〈动II〉	こぼれる	3	溢出，洒出	スープがこぼれた。
	いますぐ	【今すぐ】	〈副〉		1	现在立刻	今すぐ行きましょう。

动词变形速查表

【假名】	【基本形】	【ます形】	【て形】	【ない形】	【た形】	【词性】
あう	会う	会います	会って	会わない	会った	动Ⅰ
あう	あう	あいます	あって	あわない	あった	动Ⅰ
あく	開く	開きます	開いて	開かない	開いた	动Ⅰ
あける	開ける	開けます	開けて	開けない	開けた	动Ⅱ
あげる	あげる	あげます	あげて	あげない	あげた	动Ⅱ
あそぶ	遊ぶ	遊びます	遊んで	遊ばない	遊んだ	动Ⅰ
* あたる	あたる	あたります	あたって	あたらない	あたった	动Ⅰ
あつまる	集まる	集まります	集まって	集まらない	集まった	动Ⅰ
あつめる	集める	集めます	集めて	集めない	集めた	动Ⅱ
あびる	浴びる	浴びます	浴びて	浴びない	浴びた	动Ⅱ
あまる	余る	余ります	余って	余らない	余った	动Ⅰ
* あむ	編む	編みます	編んで	編まない	編んだ	动Ⅰ
あらう	洗う	洗います	洗って	洗わない	洗った	动Ⅰ
ある	ある	あります	あって	ない	あった	动Ⅰ

【假名】	【基本形】	【ます形】	【て形】	【ない形】	【た形】	【词性】
あるく	歩く	歩きます	歩いて	歩かない	歩いた	动Ⅰ
あんないする	案内する	案内します	案内して	案内しない	案内した	动Ⅲ
いう	言う	言います	言って	言わない	言った	动Ⅰ
いく	行く	行きます	行って	行かない	行った	动Ⅰ
いそぐ	急ぐ	急ぎます	急いで	急がない	急いだ	动Ⅰ
いる	いる	います	いて	いない	いた	动Ⅱ
いれる	入れる	入れます	入れて	入れない	入れた	动Ⅱ
うける	受ける	受けます	受けて	受けない	受けた	动Ⅱ
うごかす	動かす	動かします	動かして	動かさない	動かした	动Ⅰ
うごく	動く	動きます	動いて	動かない	動いた	动Ⅰ
うたう	歌う	歌います	歌って	歌わない	歌った	动Ⅰ
うつ	打つ	打ちます	打って	打たない	打った	动Ⅰ
うまれる	生まれる	生まれます	生まれて	生まれない	生まれた	动Ⅱ
うる	売る	売ります	売って	売らない	売った	动Ⅰ
えらぶ	選ぶ	選びます	選んで	選ばない	選んだ	动Ⅰ
[illegible]	演奏する	演奏します	演奏して	演奏しない	演奏した	动Ⅲ

【假名】	【基本形】	【ます形】	【て形】	【ない形】	【た形】	【词性】
おく	置く	置きます	置いて	置かない	置いた	动Ⅰ
おきる	起きる	起きます	起きて	起きない	起きた	动Ⅱ
おくる	送る	送ります	送って	送らない	送った	动Ⅰ
おくれる	遅れる	遅れます	遅れて	遅れない	遅れた	动Ⅱ
おしえる	教える	教えます	教えて	教えない	教えた	动Ⅱ
おす	押す	押します	押して	押さない	押した	动Ⅰ
おちる	落ちる	落ちます	落ちて	落ちない	落ちた	动Ⅱ
おとす	落とす	落とします	落として	落とさない	落とした	动Ⅰ
おどる	踊る	踊ります	踊って	踊らない	踊った	动Ⅰ
おぼえる	覚える	覚えます	覚えて	覚えない	覚えた	动Ⅱ
おもいだす	思い出す	思い出します	思い出して	思い出さない	思い出した	动Ⅰ
おもう	思う	思います	思って	思わない	思った	动Ⅰ
およぐ	泳ぐ	泳ぎます	泳いで	泳がない	泳いだ	动Ⅰ
おろす	おろす	おろします	おろして	おろさない	おろした	动Ⅰ
おわる	終わる	終ります	終って	終らない	終った	动Ⅰ
かう	買う	買います	買って	買わない	買った	动Ⅰ

【假名】	【基本形】	【ます形】	【て形】	【ない形】	【た形】	【词性】
* かう	飼う	飼います	飼って	飼わない	飼った	动Ⅰ
かいものする	買物する	買物します	買物して	買物しない	買物した	动Ⅲ
かえす	返す	返します	返して	返さない	返した	动Ⅰ
かえる	変える	変えます	変えて	変えない	変えた	动Ⅱ
かえる	帰る	帰ります	帰って	帰らない	帰った	动Ⅰ
かかる	かかる	かかります	かかって	かからない	かかった	动Ⅰ
かく	書く	書きます	書いて	書かない	書いた	动Ⅰ
かく	かく	かきます	かいて	かかない	かいた	动Ⅰ
かける	かける	かけます	かけて	かけない	かけた	动Ⅱ
かす	貸す	貸します	貸して	貸さない	貸した	动Ⅰ
かたづける	片付ける	片付けます	片付けて	片付けない	片付けた	动Ⅱ
かつ	勝つ	勝ちます	勝って	勝たない	勝った	动Ⅰ
かぶる	かぶる	かぶります	かぶって	かぶらない	かぶった	动Ⅰ
かよう	通う	通います	通って	通わない	通った	动Ⅰ
かりる	借りる	借ります	借りて	借りない	借りた	动Ⅱ
[illegible]	[illegible]	乾かします	乾かして	乾かさない	乾かした	动Ⅰ

【假名】	【基本形】	【ます形】	【て形】	【ない形】	【た形】	【词性】
かわく	渇く	渇きます	渇いて	渇かない	渇いた	动Ⅰ
かわく	乾く	乾きます	乾いて	乾かない	乾いた	动Ⅰ
* かわる	かわる	かわります	かわって	かわらない	かわった	动Ⅰ
かわる	変わる	変わります	変わって	変わらない	変わった	动Ⅰ
がんばる	頑張る	頑張ります	頑張って	頑張らない	頑張った	动Ⅰ
きえる	消える	消えます	消えて	消えない	消えた	动Ⅱ
きがえる	着替える	着替えます	着替えて	着替えない	着替えた	动Ⅱ
きく	聞く	聞きます	聞いて	聞かない	聞いた	动Ⅰ
きる	着る	着ます	着て	着ない	着た	动Ⅱ
きまる	決まる	決まります	決まって	決まらない	決まった	动Ⅰ
きめる	決める	決めます	決めて	決めない	決めた	动Ⅱ
きる	切る	切ります	切って	切らない	切った	动Ⅰ
きれる	切れる	切れます	切れて	切れない	切れた	动Ⅱ
くもる	曇る	曇ります	曇って	曇らない	曇った	动Ⅰ
くる	来（く）る	来（き）ます	来（き）て	来（こ）ない	来（き）た	动Ⅲ
くれる	くれる	くれます	くれて	くれない	くれた	动Ⅱ

【假名】	【基本形】	【ます形】	【て形】	【ない形】	【た形】	【词性】
けす	消す	消します	消して	消さない	消した	动Ⅰ
けっこんする	結婚する	結婚します	結婚して	結婚しない	結婚した	动Ⅲ
けっせきする	欠席する	欠席します	欠席して	欠席しない	欠席した	动Ⅲ
ごうかくする	合格する	合格します	合格して	合格しない	合格した	动Ⅲ
こたえる	答える	答えます	答えて	答えない	答えた	动Ⅱ
コピーする	コピーする	コピーします	コピーして	コピーしない	コピーした	动Ⅲ
こぼす	こぼす	こぼします	こぼして	こぼさない	こぼした	动Ⅰ
こぼれる	こぼれる	こぼれます	こぼれて	こぼれない	こぼれた	动Ⅱ
こまる	困る	困ります	困って	困らない	困った	动Ⅰ
こわす	壊す	壊します	壊して	壊さない	壊した	动Ⅰ
こわれる	壊れる	壊れます	壊れて	壊れない	壊れた	动Ⅱ
さいきどうする	再起動する	再起動します	再起動して	再起動しない	再起動した	动Ⅲ
さがす	探す	探します	探して	探さない	探した	动Ⅰ
さく	咲く	咲きます	咲いて	咲かない	咲いた	动Ⅰ
さそう	誘う	誘います	誘って	誘わない	誘った	动Ⅰ

【假名】	【基本形】	【ます形】	【て形】	【ない形】	【た形】	【词性】
さわる	触る	触ります	触って	触らない	触った	动Ⅰ
* しちゃくする	試着する	試着します	試着して	試着しない	試着した	动Ⅲ
しつもんする	質問する	質問します	質問して	質問しない	質問した	动Ⅲ
しぬ	死ぬ	死にます	死んで	死なない	死んだ	动Ⅰ
* しまう	しまう	しまいます	しまって	しまわない	しまった	动Ⅰ
する	する	します	して	しない	した	动Ⅲ
しまる	閉まる	閉まります	閉まって	閉まらない	閉まった	动Ⅰ
しめる	閉める	閉めます	閉めて	閉めない	閉めた	动Ⅱ
しょうかいする	紹介する	紹介します	紹介して	紹介しない	紹介した	动Ⅲ
* ジョギングする	ジョギングする	ジョギングします	ジョギングして	ジョギングしない	ジョギングした	动Ⅲ
しらせる	知らせる	知らせます	知らせて	知らせない	知らせた	动Ⅱ
しらべる	調べる	調べます	調べて	調べない	調べた	动Ⅱ
しる	知る	知ります	知って	知らない	知った	动Ⅰ
* しんじる	信じる	信じます	信じて	信じない	信じた	动Ⅱ
すう	吸う	吸います	吸って	吸わない	吸った	动Ⅰ
すく	すく	すきます	すいて	すかない	すいた	动Ⅰ

【假名】	【基本形】	【ます形】	【て形】	【ない形】	【た形】	【词性】
すてる	捨てる	捨てます	捨てて	捨てない	捨てた	动Ⅱ
すべる	滑る	滑ります	滑って	滑らない	滑った	动Ⅰ
すむ	住む	住みます	住んで	住まない	住んだ	动Ⅰ
すわる	座る	座ります	座って	座らない	座った	动Ⅰ
* せいこうする	成功する	成功します	成功して	成功しない	成功した	动Ⅲ
* セットする	セットする	セットします	セットして	セットしない	セットした	动Ⅲ
* せんこうする	専攻する	専攻します	専攻して	専攻しない	専攻した	动Ⅲ
せんたくする	洗濯する	洗濯します	洗濯して	洗濯しない	洗濯した	动Ⅲ
そうじする	掃除する	掃除します	掃除して	掃除しない	掃除した	动Ⅲ
* そうたいする	早退する	早退します	早退して	早退しない	早退した	动Ⅲ
そつぎょうする	卒業する	卒業します	卒業して	卒業しない	卒業した	动Ⅲ
* たいそうする	体操する	体操します	体操して	体操しない	体操した	动Ⅲ
たおす	倒す	倒します	倒して	倒さない	倒した	动Ⅰ
たおれる	倒れる	倒れます	倒れて	倒れない	倒れた	动Ⅱ
だす	出す	出します	出して	出さない	出した	动Ⅰ
				立たない	立った	动Ⅰ

【假名】	【基本形】	【ます形】	【て形】	【ない形】	【た形】	【词性】
たつ	建つ	建ちます	建って	建たない	建った	动Ⅰ
たのむ	頼む	頼みます	頼んで	頼まない	頼んだ	动Ⅰ
たべる	食べる	食べます	食べて	食べない	食べた	动Ⅱ
ちゅういする	注意する	注意します	注意して	注意しない	注意した	动Ⅲ
つかう	使う	使います	使って	使わない	使った	动Ⅰ
つかれる	疲れる	疲れます	疲れて	疲れない	疲れた	动Ⅱ
つく	着く	着きます	着いて	着かない	着いた	动Ⅰ
つく	つく	つきます	ついて	つかない	ついた	动Ⅰ
つくる	作る	作ります	作って	作らない	作った	动Ⅰ
つける	つける	つけます	つけて	つけない	つけた	动Ⅱ
つづける	続ける	続けます	続けて	続けない	続けた	动Ⅱ
つとめる	勤める	勤めます	勤めて	勤めない	勤めた	动Ⅱ
つる	釣る	釣ります	釣って	釣らない	釣った	动Ⅰ
ていしゅつする	提出する	提出します	提出して	提出しない	提出した	动Ⅲ
でかける	出かける	出かけます	出かけて	出かけない	出かけた	动Ⅱ
できる	できる	できます	できて	できない	できた	动Ⅱ

【假名】	【基本形】	【ます形】	【て形】	【ない形】	【た形】	【词性】
てつだう	手伝う	手伝います	手伝って	手伝わない	手伝った	动Ⅰ
でる	出る	出ます	出て	出ない	出た	动Ⅱ
とおる	通る	通ります	通って	通らない	通った	动Ⅰ
* ドキドキする	ドキドキする	ドキドキします	ドキドキして	ドキドキしない	ドキドキした	动Ⅲ
とどく	届く	届きます	届いて	届かない	届いた	动Ⅰ
とぶ	飛ぶ	飛びます	飛んで	飛ばない	飛んだ	动Ⅰ
とまる	泊まる	泊まります	泊まって	泊まらない	泊まった	动Ⅰ
とまる	止まる	止まります	止まって	止まらない	止まった	动Ⅰ
とめる	止める	止めます	止めて	止めない	止めた	动Ⅱ
とる	撮る	撮ります	撮って	撮らない	撮った	动Ⅰ
とる	取る	取ります	取って	取らない	取った	动Ⅰ
とれる	取れる	取れます	取れて	取れない	取れた	动Ⅱ
なおす	直す	直します	直して	直さない	直した	动Ⅰ
なおる	治る	治ります	治って	治らない	治った	动Ⅰ
なおる	直る	直ります	直って	直らない	直った	动Ⅰ

【读音】	【基本形】	【ます形】	【て形】	【ない形】	【た形】	【词性】
ながれる	流れる	流れます	流れて	流れない	流れた	动Ⅱ
ならう	習う	習います	習って	習わない	習った	动Ⅰ
ならぶ	並ぶ	並びます	並んで	並ばない	並んだ	动Ⅰ
ならべる	並べる	並べます	並べて	並べない	並べた	动Ⅱ
なる	鳴る	鳴ります	鳴って	鳴らない	鳴った	动Ⅰ
なる	なる	なります	なって	ならない	なった	动Ⅰ
なれる	慣れる	慣れます	慣れて	慣れない	慣れた	动Ⅱ
* にあう	似合う	似合います	似合って	似合わない	似合った	动Ⅰ
ぬぐ	脱ぐ	脱ぎます	脱いで	脱がない	脱いだ	动Ⅰ
ねる	寝る	寝ます	寝て	寝ない	寝た	动Ⅱ
のせる	のせる	のせます	のせて	のせない	のせた	动Ⅱ
のぼる	登る	登ります	登って	登らない	登った	动Ⅰ
のむ	飲む	飲みます	飲んで	飲まない	飲んだ	动Ⅰ
のる	乗る	乗ります	乗って	乗らない	乗った	动Ⅰ
はいる	入る	入ります	入って	入らない	入った	动Ⅰ
はく	はく	はきます	はいて	はかない	はいた	动Ⅰ

【假名】	【基本形】	【ます形】	【て形】	【ない形】	【た形】	【词性】
はじまる	始まる	始まります	始まって	始まらない	始まった	动Ⅰ
はじめる	始める	始めます	始めて	始めない	始めた	动Ⅱ
はしる	走る	走ります	走って	走らない	走った	动Ⅰ
はたらく	働く	働きます	働いて	働かない	働いた	动Ⅰ
はなす	話す	話します	話して	話さない	話した	动Ⅰ
はる	はる	はります	はって	はらない	はった	动Ⅰ
はれる	晴れる	晴れます	晴れて	晴れない	晴れた	动Ⅱ
ひえる	冷える	冷えます	冷えて	冷えない	冷えた	动Ⅱ
ひく	弾く	弾きます	弾いて	弾かない	弾いた	动Ⅰ
ひく	引く	引きます	引いて	引かない	引いた	动Ⅰ
ひっこす	引越す	引越します	引越して	引越さない	引越した	动Ⅰ
ひやす	冷やす	冷やします	冷やして	冷やさない	冷やした	动Ⅰ
ふく	吹く	吹きます	吹いて	吹かない	吹いた	动Ⅰ
ふくしゅうする	復習する	復習します	復習して	復習しない	復習した	动Ⅲ
ふとる	太る	太ります	太って	太らない	太った	动Ⅰ

【假名】	【基本形】	【ます形】	【て形】	【ない形】	【た形】	【词性】
べんきょうする	勉強する	勉強します	勉強して	勉強しない	勉強した	动III
まがる	曲がる	曲がります	曲がって	曲がらない	曲がった	动I
まちがえる	間違える	間違えます	間違えて	間違えない	間違えた	动II
まつ	待つ	待ちます	待って	待たない	待った	动I
まにあう	間に合う	間に合います	間に合って	間に合わない	間に合った	动I
* まもる	守る	守ります	守って	守らない	守った	动I
* まわす	回す	回します	回して	回さない	回した	动I
みがく	磨く	磨きます	磨いて	磨かない	磨いた	动I
みせる	見せる	見せます	見せて	見せない	見せた	动II
みる	見る	見ます	見て	見ない	見た	动II
* もうしこむ	申し込む	申し込みます	申し込んで	申し込まない	申し込んだ	动I
もえる	燃える	燃えます	燃えて	燃えない	燃えた	动II
もつ	持つ	持ちます	持って	持たない	持った	动I
もどる	戻る	戻ります	戻って	戻らない	戻った	动I
もらう	もらう	もらいます	もらって	もらわない	もらった	动I
やく	焼く	焼きます	焼いて	焼かない	焼いた	动I

【假名】	【基本形】	【ます形】	【て形】	【ない形】	【た形】	【词性】
やすむ	休む	休みます	休んで	休まない	休んだ	动Ⅰ
やぶる	破る	破ります	破って	破らない	破った	动Ⅰ
やぶれる	破れる	破れます	破れて	破れない	破れた	动Ⅱ
やる	やる	やります	やって	やらない	やった	动Ⅰ
* ゆうしょうする	優勝する	優勝します	優勝して	優勝しない	優勝した	动Ⅲ
よごす	汚す	汚します	汚して	汚さない	汚した	动Ⅰ
よごれる	汚れる	汚れます	汚れて	汚れない	汚れた	动Ⅱ
よぶ	呼ぶ	呼びます	呼んで	呼ばない	呼んだ	动Ⅰ
よむ	読む	読みます	読んで	読まない	読んだ	动Ⅰ
よやくする	予約する	予約します	予約して	予約しない	予約した	动Ⅲ
りゅうがくする	留学する	留学します	留学して	留学しない	留学した	动Ⅲ
りょこうする	旅行する	旅行します	旅行して	旅行しない	旅行した	动Ⅲ
* れんらくする	連絡する	連絡します	連絡して	連絡しない	連絡した	动Ⅲ
わかる	わかる	わかります	わかって	わからない	わかった	动Ⅰ
わかれる	別れる	別れます	別れて	別れない	別れた	动Ⅱ
[illegible]	[illegible]	[illegible]	忘れて	忘れない	忘れた	动Ⅱ

【假名】	【基本形】	【ます形】	【て形】	【ない形】	【た形】	【词性】
わたす	渡す	渡します	渡して	渡さない	渡した	动 I
わたる	渡る	渡ります	渡って	渡らない	渡った	动 I
わる	割る	割ります	割って	割らない	割った	动 I
われる	割れる	割れます	割れて	割れない	割れた	动 II

汉字速查表

A　安案暗

安い	やすい
案内する	あんないする
暗い	くらい

B　八白半宝杯悲北背本鼻彼筆必閉壁編弁便変別並病泊不怖歩部

	八百屋	やおや
	白	しろ
	白い	しろい
	～半	～はん
*	宝くじ	たからくじ
	～杯	～はい（ぱい／ばい）
	悲しい	かなしい
	北	きた
	背	せ
*	背もたれ	せもたれ
	本	ほん
	本当	ほんとう

	本棚	ほんだな
	～本	～ほん（ぽん／ぼん）
*	本日	ほんじつ
*	鼻歌	はなうた
	彼	かれ
	彼女	かのじょ
*	彼氏	かれし
*	筆箱	ふでばこ
	必要	ひつよう
	閉まる	しまる
	閉める	しめる
	壁	かべ
*	編む	あむ
*	編物	あみもの
	弁当	べんとう
	便利	べんり
	変	へん
	変える	かえる
	変わる	かわる
*	変更	へんこう
	別れる	わかれる
	並ぶ	ならぶ
	並べる	ならべる
	病気	びょうき
	病院	びょういん
	泊まる	とまる
*	不動産	ふどうさん
	怖い	こわい
	歩く	あるく
	部屋	へや
*	部長	ぶちょう

C　財参残冊茶長場車徹成乗喫池持遅歯赤虫出初触川船窓吹春辞次刺撮

	財布	さいふ
*	参考書	さんこうしょ
	残念	ざんねん
*	残業	ざんぎょう
	～冊	～さつ
	お茶	おちゃ
*	茶道	さどう
	茶色	ちゃいろ
	茶色い	ちゃいろい
	長い	ながい
	場所	ばしょ
*	サッカー場	サッカーじょう
	車	くるま
*	徹夜	てつや
*	成功する	せいこうする
	乗る	のる
	喫茶店	きっさてん
	池	いけ
	持つ	もつ
	遅い	おそい
	遅く	おそく
	遅れる	おくれる
	歯	は
	歯医者	はいしゃ
	赤	あか
	赤い	あかい
	赤ちゃん	あかちゃん
*	虫	むし
	出す	だす
	出る	でる

	出かける	でかける
	出口	でぐち
*	出張	しゅっちょう
*	出版社	しゅっぱんしゃ
	初めて	はじめて
	触る	さわる
	川	かわ
	船	ふね
	船便	ふなびん
*	窓	まど
*	窓口	まどぐち
	吹く	ふく
	春	はる
	辞書	じしょ
	次	つぎ
	刺身	さしみ
	撮る	とる

D　答打大待袋貸誕当倒道得登低地弟第店電釣調定冬東動働都読独度渡短多

	答え	こたえ
	答える	こたえる
	打つ	うつ
	大きい	おおきい
	大変	たいへん
	大好き	だいすき
*	大会	たいかい
*	大根	だいこん
*	大家	おおや
	大切	たいせつ
	大人	おとな
*	大掃除	おおそうじ
*	大事	だいじ
	大使館	たいしかん
	大学	だいがく

	大学生	だいがくせい
	大学院	だいがくいん
	大丈夫	だいじょうぶ
*	大雨	おおあめ
	待つ	まつ
*	待ち合わせ	まちあわせ
	袋	ふくろ
	ビニール袋	ビニールぶくろ
	貸す	かす
	誕生日	たんじょうび
*	当たり	あたり
	倒す	たおす
	倒れる	たおれる
	道	みち
	道路	どうろ
	得意	とくい
	低い	ひくい
	地図	ちず
*	地下	ちか
	地下鉄	ちかてつ
	地震	じしん
	弟	おとうと
	第～	だい～
	店	みせ
	店員	てんいん
	電車	でんしゃ
	電話	でんわ
	電話番号	でんわばんごう
	電気	でんき
*	電子辞書	でんしじしょ
	釣る	つる
	調べる	しらべる

*	定価	ていか
*	定食	ていしょく
	冬	ふゆ
*	東京	とうきょう
	動かす	うごかす
	動く	うごく
	動物	どうぶつ
	動物園	どうぶつえん
	働く	はたらく
*	都会	とかい
	読む	よむ
	読書	どくしょ
*	独身	どくしん
	～度	～ど
	渡す	わたす
	渡る	わたる
	短い	みじかい
	多い	おおい

E　悪耳

	悪い	わるい
	耳	みみ

F　髪返飯方放飛分封風缶敷服父富復

	髪	かみ
	返す	かえす
	ご飯	ごはん
	方	かた
	～方	かた
*	放課後	ほうかご
	飛行機	ひこうき
	飛ぶ	とぶ
	～分	～ふん（ぷん）
*	～分	～ぶ
	～分	～ぶん
	封筒	ふうとう
	風	かぜ
	お風呂	おふろ
	風邪	かぜ

	缶	かん
*	敷金	しききん
	服	ふく
	父	ちち
	お父さん	おとうさん
*	富士山	ふじさん
	復習する	ふくしゅうする

G　改甘港高割歌個公古故怪管慣広帰国果菓

	改札口	かいさつぐち
	甘い	あまい
*	港町	みなとまち
	高い	たかい
	高校	こうこう
	割る	わる
	割れる	われる
	歌	うた
	歌う	うたう
	歌手	かしゅ
*	歌舞伎	かぶき
	～個	～こ
	公園	こうえん
*	公園口	こうえんぐち
	古い	ふるい

*	故郷	こきょう
	怪我	けが
*	管理費	かんりひ
	慣れる	なれる
	広い	ひろい
*	広告	こうこく
	帰る	かえる
	お国	おくに
*	国際電話	こくさいでんわ
*	国内	こくない
	果物	くだもの
	お菓子	おかし

H　海寒韓漢航好合何和荷黒横紅厚後呼花滑話壊歓黄灰回会絵火

	海	うみ
*	海外	かいがい
	寒い	さむい
	韓国	かんこく
	漢字	かんじ
	航空便	こうくうびん
	好き	すき
	合格する	ごうかくします
	何	なん/なに
	何か	なにか
	何でも	なんでも
	何階	なんがい
	何時	なんじ
	何曜日	なんようび
	何月何日	なんがつなんにち

*	和風	わふう
	荷物	にもつ
	黒	くろ
	黒い	くろい
	横	よこ
	紅茶	こうちゃ
	厚い	あつい
	後ろ	うしろ
	呼ぶ	よぶ
	花	はな
*	花火	はなび
	花見	はなみ
*	花束	はなたば
	滑る	すべる
	話	はなし
	話す	はなす
	壊す	こわす
	壊れる	こわれる
*	歓迎	かんげい
	黄色	きいろ
	黄色い	きいろい
	灰皿	はいざら
	～回	～かい
*	回す	まわす
	会う	あう
	会話	かいわ
	会社	かいしゃ
	会社員	かいしゃいん
	会議	かいぎ
	会議室	かいぎしつ
	絵	え
*	絵本	えほん
*	絵葉書	えはがき
	火	か

火曜日　かようび

J　机機急集寂家間検簡見建健将奨降交角教階結届借今金近経景警静鳩酒居決絶覚

机　つくえ
機械　きかい
急ぐ　いそぐ
急に　きゅうに
集まる　あつまる
集める　あつめる
* 集合　しゅうごう
寂しい　さびしい
家　いえ
家賃　やちん
家内　かない
* 家事　かじ
家族　かぞく
間　あいだ
間に合う　まにあう

	間違える	まちがえる
*	検査	けんさ
	簡単	かんたん
	見る	みる
	見せる	みせる
	見物	けんぶつ
*	お見舞い	おみまい
	建つ	たつ
	建物	たてもの
*	健康診断	けんこうしんだん
*	将来	しょうらい
*	奨学金	しょうがくきん
	降る	ふる
	交番	こうばん
*	交通	こうつう
*	交通費	こうつうひ
*	交通事故	こうつうじこ
	角	かど
	教える	おしえる
	教科書	きょうかしょ
	教室	きょうしつ
	～階	～かい（がい）
	階段	かいだん
	結婚する	けっこんする
	届く	とどく
	借りる	かりる
	今	いま
	今すぐ	いますぐ
	今度	こんど
	今年	ことし
	今晩	こんばん
	今夜	こんや
	今月	こんげつ
	今朝	けさ

	今週	こんしゅう
	金	きん
	お金	おかね
	お金持ち	おかねもち
	金曜日	きんようび
	近い	ちかい
	近く	ちかく
*	近代的	きんだいてき
*	経済	けいざい
*	経営	けいえい
	景色	けしき
*	警察官	けいさつかん
	静か	しずか
*	鳩	はと
	お酒	おさけ
*	居酒屋	いざかや
	決める	きめる
*	絶対	ぜったい
	覚える	おぼえる

K　開看渇客空口苦困

開く	あく
開ける	あける
＊ 看護師	かんごし
渇く	かわく
客	きゃく
空	そら
空港	くうこう
空気	くうき
＊ 口笛	くちぶえ
苦手	にがて
困る	こまる

L　来頼廊楽冷礼立歴連恋練涼両寮料流留旅履緑卵落

来る	くる
来年	らいねん
さ来年	さらいねん
来月	らいげつ
来週	らいしゅう
頼む	たのむ
廊下	ろうか
楽しい	たのしい
＊ 楽しみ	たのしみ
冷える	ひえる
冷たい	つめたい
冷やす	ひやす
冷蔵庫	れいぞうこ
お礼	おれい
＊ 礼金	れいきん

	立つ	たつ
	立派	りっぱ
*	歴史	れきし
*	連絡する	れんらくする
	恋人	こいびと
	練習	れんしゅう
	涼しい	すずしい
	両親	りょうしん
*	両替	りょうがえ
*	寮	りょう
	料理	りょうり
	流す	ながす
	流れる	ながれる
	留学する	りゅうがくする
	旅行する	りょこうする
*	履歴書	りれきしょ
	卵	たまご
*	卵焼き	たまごやき
	落ちる	おちる
	落とす	おとす

M　馬買売麦満忙猫帽貿枚毎美妹夢眠勉面皿名明鳴磨母木目

	馬	うま
	買う	かう
*	お買い得	おかいどく
	買物する	かいものする
	売り場	うりば
	売る	うる
*	麦茶	むぎちゃ
*	満開	まんかい
	忙しい	いそがしい
	猫	ねこ
	帽子	ぼうし
	貿易	ぼうえき
	～枚	～まい
	毎年	まいとし
	毎日	まいにち
	毎晩	まいばん
	毎月	まいつき
	毎朝	まいあさ
	毎週	まいしゅう
	美しい	うつくしい
	美容院	びよういん
	美術館	びじゅつかん
	妹	いもうと
	夢	ゆめ
	眠い	ねむい
	勉強する	べんきょうする
	名前	なまえ
*	面接	めんせつ
*	～名様	～めいさま
	お皿	おさら
*	名札	なふだ
	明るい	あかるい

鳴る	なる
磨く	みがく
母	はは
* 母の日	はははのひ
お母さん	おかあさん
木	き
木	もく
木曜日	もくようび
目	め
目覚まし	めざまし

N　納男南難年娘鳥牛女暖

納豆	なっとう
男の人	おとこのひと
男の子	おとこのこ
南	みなみ
難しい	むずかしい
年	とし
～年	～ねん
年上	としうえ
娘	むすめ
鳥	とり
牛	うし
牛肉	ぎゅうにく
牛乳	ぎゅうにゅう
女の人	おんなのひと
暖かい	あたたかい

P　盆棚疲片平破僕普

*	お盆	おぼん
	棚	たな
	疲れる	つかれる
*	お疲れ様	おつかれさま
	片付ける	かたづける
*	平日	へいじつ
	破る	やぶる
	破れる	やぶれる
	僕	ぼく
	普通	ふつう

Q　妻起気鉛前乾欠強切親勤寝青軽晴区曲取去趣全犬

	妻	つま
	起きる	おきる
	気	き
	気持	きもち
*	気分	きぶん
	鉛筆	えんぴつ
	前	まえ
*	前髪	まえがみ
	乾く	かわく
*	乾かす	かわかす
	欠席する	けっせきする
	強い	つよい
	切る	きる
	切れる	きれる
	切符	きっぷ

	切手	きって
*	親戚	しんせき
	親切	しんせつ
*	親子丼	おやこどん
	勤める	つとめる
	寝る	ねる
	青	あお
	青い	あおい
	軽い	かるい
	晴れ	はれ
	晴れる	はれる
*	区役所	くやくしょ
	曲がる	まがる
	取る	とる
	取れる	とれる
	去年	きょねん
	全部	ぜんぶ
	全然	ぜんぜん
*	全員	ぜんいん
	犬	いぬ

R　燃熱人日冗柔肉入若弱

燃える	もえる
熱	ねつ
人	ひと
～人	～じん
～人	にん/り
人形	にんぎょう
日	ひ
～日	～にち/か
日本	にほん
日記	にっき
* 日頃	ひごろ
日曜日	にちようび
冗談	じょうだん
* 柔道	じゅうどう
肉	にく
入口	いりぐち
入る	はいる
入れる	いれる
入学式	にゅうがくしき
入学試験	にゅうがくしけん
* 入学願書	にゅうがくがんしょ
若い	わかい
弱い	よわい

S　三傘散騒掃色砂山上焼少紹捨社申生声勝失実食時使始世仕市事試手守寿受授書暑数誰水説思死寺似飼送宿

*	三ツ星	みつぼし
	傘	かさ
	散歩	さんぽ
	騒ぐ	さわぐ
	掃除する	そうじする
	色	いろ
	砂糖	さとう
	山	やま
	上手	じょうず
	上	うえ
	上着	うわぎ
	焼く	やく
	少し	すこし
	少ない	すくない
	捨てる	すてる
	社会	しゃかい
	社長	しゃちょう
*	申請	しんせい
*	申し込み	もうしこみ
*	申し込む	もうしこむ
	生まれる	うまれる
	生活	せいかつ
	生徒	せいと
	声	こえ
	勝つ	かつ
	失礼	しつれい
*	実	じつ
	食べる	たべる
	食事	しょくじ
	食堂	しょくどう

	～時	～じ
	時計	とけい
*	時給	じきゅう
	時間	じかん
	～時間	～じかん
	使う	つかう
	始まる	はじまる
	始める	はじめる
	世界	せかい
*	世界一周	せかいいっしゅう
	仕方	しかた
	仕事	しごと
*	市場	いちば
*	市役所	しやくしょ
	事故	じこ
	事務室	じむしつ
*	試合	しあい
	試験	しけん
*	試着する	しちゃくする
	手	て
*	手伝い	てつだい
	手伝う	てつだう
	手袋	てぶくろ
*	手品	てじな
*	手数料	てすうりょう
	手帳	てちょう
	手紙	てがみ
*	守る	まもる
	寿司	すし
	受ける	うける
	受付	うけつけ
	授業	じゅぎょう
	書く	かく
*	書道	しょどう

*	書類	しょるい
	暑い	あつい
	数学	すうがく
	数字	すうじ
	誰	だれ
	水	みず
	水	すい
	水曜日	すいようび
	水泳	すいえい
	説明	せつめい
*	説明会	せつめいかい
	思う	おもう
	思い出す	おもいだす
	死ぬ	しぬ
	お寺	おてら
*	似合う	にあう
	飼う	かう
	送る	おくる
	宿題	しゅくだい

↑ 他塔台太弾曇探特提体天町庭通同痛頭図途土脱

	他の	ほかの
	他に	ほかに
*	塔	とう
	～台	～だい
	台風	たいふう
	台所	だいどころ
	台湾	たいわん
	太い	ふとい
	太る	ふとる
	弾く	ひく
	曇る	くもる
	探す	さがす
*	特技	とくぎ
*	提出する	ていしゅつする
	体	からだ
*	体操する	たいそうする
*	天ぷら	てんぷら
	天気	てんき
	町	まち
	庭	にわ
	通う	かよう
	通る	とおる
*	通勤	つうきん
*	通信販売	つうしんはんばい
*	通訳	つうやく
	同じ	おなじ
	痛い	いたい
	頭	あたま
*	図	ず
	図書館	としょかん
	図書室	としょしつ
*	途中	とちゅう

*	土	つち
	土	ど
	お土産	おみやげ
	土曜日	どようび
	脱ぐ	ぬぐ

W　外丸頑晩万忘危温文聞問汚屋無午物

	外	そと
*	外車	がいしゃ
	外国	がいこく
*	外国人登録	がいこくじんとうろく
*	外国人登録証	がいこくじんとうろくしょう
	丸い	まるい
	頑張る	がんばる
	晩	ばん
	晩ご飯	ばんごはん
	万年筆	まんねんひつ
	忘れる	わすれる
	忘れ物	わすれもの
	危ない	あぶない
	危険	きけん
	温泉	おんせん

*	文	ぶん
*	文化の日	ぶんかのひ
	聞く	きく
	問題	もんだい
*	問題集	もんだいしゅう
	汚い	きたない
	汚す	よごす
	汚れる	よごれる
	～屋	～や
*	屋上	おくじょう
	無理	むり
	午後	ごご
	午前	ごぜん
*	物価	ぶっか

X　夕吸昔席習洗係狭暇下夏先嫌相香象消小咲携写辛新信星行性兄休嘘続軒玄選靴学雪

	夕方	ゆうがた
	吸う	すう
	昔	むかし
	席	せき
	習う	ならう
	洗う	あらう
	洗濯する	せんたくする
	洗濯物	せんたくもの
*	洗濯機	せんたくき
	洗面所	せんめんじょ
*	係	がかり
	狭い	せまい
	暇	ひま
	下	した
	下手	へた

夏 なつ
夏休 なつやすみ
先 さき
* ～先 ～さき
* 先日 せんじつ
先生 せんせい
先月 せんげつ
先週 せんしゅう
嫌い きらい
* 相撲 すもう
相談 そうだん
* 香水 こうすい
* 象 ぞう
消える きえる
消しゴム けしゴム
消す けす
小さい ちいさい

* 小論文 しょうろんぶん
* 小説 しょうせつ
* 小説家 しょうせつか
咲く さく
* 携帯 けいたい
携帯電話 けいたいでんわ
写真 しゃしん
辛い からい
辛い つらい
新しい あたらしい
新幹線 しんかんせん
* 新入生 しんにゅうせい
新聞 しんぶん
* 新聞社 しんぶんしゃ
* 信じる しんじる
信号 しんごう
星 ほし

* 行い	おこない
行く	いく
行ってらっしゃい	いってらっしゃい
性格	せいかく
兄	あに
お兄さん	おにいさん
兄弟	きょうだい
休み	やすみ
休む	やすむ
嘘	うそ
続ける	つづける
～軒	～けん
玄関	げんかん
選ぶ	えらぶ
靴	くつ
学生	がくせい
* 学生証	がくせいしょう
学校	がっこう
雪	ゆき

Y　押円言研顔演薬野夜一医以役易駅音銀引飲英桜映泳踊用優郵遊友有右誘予余魚宇雨語玉浴元遠願約月楽

	押す	おす
	～円	～えん
	言う	いう
	言葉	ことば
*	研究	けんきゅう
*	研究所	けんきゅうじょ
	顔	かお
*	演奏する	えんそうする
	薬	くすり
	野菜	やさい
	野球	やきゅう
	夜	よる
*	夜道	よみち
*	夜行	やこう
	一つ	ひとつ

	一度	いちど
	一番	いちばん
	一人	ひとり
*	一人暮らし	ひとりぐらし
	一生懸命	いっしょうけんめいな
	一緒	いっしょに
	医者	いしゃ
	以上	いじょう
	役に立つ	やくにたつ
	易しい	やさしい
	駅	えき
	駅前	えきまえ
	音	おと
	音楽	おんがく
*	音楽会	おんがくかい
	銀行	ぎんこう
	引く	ひく

	引き出し	ひきだし
	引越す	ひっこす
	飲む	のむ
	英語	えいご
	桜	さくら
	映画	えいが
	映画館	えいがかん
	泳ぐ	およぐ
	踊る	おどる
	用事	ようじ
	優しい	やさしい
*	優勝する	ゆうしょうする
	郵便局	ゆうびんきょく
	遊ぶ	あそぶ
*	遊園地	ゆうえんち
	友だち	ともだち
	有名	ゆうめい

	右	みぎ
*	誘う	さそう
*	予定表	よていひょう
	予約する	よやくする
	余る	あまる
	魚	さかな
*	宇宙人	うちゅうじん
	雨	あめ
	～語	～ご
*	けん玉	けんだま
	浴びる	あびる
*	元旦	がんたん
	元気	げんき
	遠い	とおい
	遠く	とおく
*	遠足	えんそく
	お願い	おねがい

	約束	やくそく
	月	つき
	月	げつ
	～月	～がつ
	～か月	～かげつ
	月曜日	げつようび
*	楽器	がっき

Z　雑再早占丈朝折真正証枝知直止指紙治置質中終重週昼主住注祝駐専準着資子姉字自総走足卒祖最左作座

	雑誌	ざっし
*	再起動する	さいきどうする
	早く	はやく
*	早口言葉	はやくちことば
*	早退する	そうたいする
*	占い	うらない
	丈夫	じょうぶ
	朝	あさ
	朝飯	あさごはん
*	折り紙	おりがみ
	真ん中	まんなか
	正しい	ただしい
	お正月	おしょうがつ
*	証明写真	しょうめいしゃしん

	知らせる	しらせる
	知る	しる
	直す	なおす
	直る	なおる
	止まる	とまる
	止める	とめる
	指輪	ゆびわ
	紙	かみ
	治る	なおる
	置く	おく
	質問する	しつもんする
	中	なか
	～中	～ちゅう/じゅう
	中国	ちゅうごく
*	中華料理	ちゅうかりょうり
	中学	ちゅうがく
*	中止	ちゅうし
	終わる	おわる
	重い	おもい
	～週間	～しゅうかん
	週末	しゅうまつ
	昼	ひる
	昼ご飯	ひるごはん
	昼休み	ひるやすみ
	主人	しゅじん
*	主人公	しゅじんこう
	住む	すむ
*	注射	ちゅうしゃ
	注文	ちゅうもん
	注意する	ちゅういする
	お祝い	おいわい
	駐車場	ちゅうしゃじょう
*	専攻する	せんこうする
	専門学校	せんもんがっこう

	準備	じゅんび
	着く	つく
	着る	きる
	着替える	きがえる
	着物	きもの
*	資料	しりょう
*	資格外活動許可書	しかくがいかつどうきょかしょ
	子	こ
	子ども	こども
	姉	あね
	お姉さん	おねえさん
	字	じ
	自動車	じどうしゃ
	自転車	じてんしゃ
	自分	じぶん
*	総理大臣	そうりだいじん
	足	あし
	卒業する	そつぎょうする
	卒業式	そつぎょうしき
	祖父	そふ
*	祖父母	そふぼ
	祖母	そぼ
	最初	さいしょ
*	最高	さいこう
	左	ひだり
	作る	つくる
	作文	さくぶん
	座る	すわる
	窓	まど

（**和制汉字**）丼戻

*	丼	どん
	戻る	もどる

学ぼう！にほんご　単語帳

日语完全教程

单词手册　第一册

主编：疏蒲剑
编委：杨玲　松尾庸司　阮泠熠　梁莹　唐鹤英　孙晓杰
排版：何婉玎　顾佳丽
封面设计：陈佳音　沙懿陶